DR. MED. VET.
RENATE JONES

Aggressionsverhalten bei Hunden

DR. MED. VET. RENATE JONES

Aggressionsverhalten bei Hunden

Auch nette Hunde streiten

KOSMOS

4

Bildnachweis: Farbfotos von Elkje Forner (3: S. 63 u., 64); Gerhard Mersch (3: S. 45 u., 63 o.); Reinhard Tierfoto (4: S. 45 o., 113, 132 o.).; Christof Salata/Kosmos (3: S. 114 o.li., 114 o.re.o., 132 u.); Hermann Stachnau (3: S. 46) und Karl-Heinz Widmann (5: S. 114 o.l.u., S. 114 u., 131). Schwarzweißzeichnungen von Marianne Golte-Bechtle.

Impressum
Umschlagentwurf von eStudio Calamar unter Verwendung von zwei Farbfotos von Hermann Stachnau (U1) und Steffie Kickel (U4).

Mit 21 Farbfotos und 11 Schwarzweißzeichnungen.

Bibliographische Information der Deutschen Bibliothek
Die Deutsche Bibliothek verzeichnet diese Publikation in der Deutschen Nationalbibliografie; detaillierte bibliografische Daten sind im Internet über http://dnb.ddb.de abrufbar.

Informationen senden wir Ihnen gerne zu

Bücher · Kalender · Spiele · Experimentierkästen · CDs · Videos

Heimtiere · Pferde & Reiten · Natur · Garten & Zimmerpflanzen · Astronomie · Angeln & Jagd · Eisenbahn & Nutzfahrzeuge · Kinder & Jugend

KOSMOS Postfach 10 60 11
D-70049 Stuttgart
TELEFON +49 (0)711-2191-0
FAX +49 (0)711-2191-422
WEB www.kosmos.de
E-MAIL info@kosmos.de

Gedruckt auf chlorfrei gebleichtem Papier

© 2003, Franckh-Kosmos Verlags-GmbH & Co., Stuttgart
Alle Rechte vorbehalten
ISBN 3-440-09301-8
Redaktion: Hilke Heinemann
Satz und Repro: TypoDesign, Radebeul
Printed in Czech Republic / Imprimé en République Tchèque
Druck und Binden: Těšínská Tiskárna, a.s., Český Těšín

Inhalt

Zu diesem Buch

Das Leben von Hundebesitzern hat sich verändert, seit im Frühjahr 2000 in Hamburg ein Kind durch zwei Hunde getötet wurde. Die zum damaligen Zeitpunkt bestehenden Gesetze und Verordnungen hätten sehr wohl ausgereicht, diese Tragödie zu verhindern, wenn die Befolgung der entsprechenden Vorschriften auch durchgesetzt worden wäre. Dennoch sind deutschlandweit neue Gesetze und Verordnungen, die für mehr Sicherheit vor „gefährlichen Hunden" sorgen sollen, wie Pilze aus dem Boden geschossen. Ich gehe davon aus, dass es im Interesse aller vernünftigen Menschen liegt, ob Hundebesitzer oder nicht, dafür zu sorgen, dass weder Menschen noch Tiere durch Hunde zu Schaden kommen können. Das gilt ebenso für Deutschland wie für England, Frankreich, die Schweiz oder die USA. Aus diesem Grund haben in anderen Ländern Wissenschaftler aus den verschiedensten Bereichen (unter anderem Unfallverhütung, Sozialwissenschaften, Medizin, Tiermedizin und Verhaltenskunde) gemeinsam einerseits derartige Unfälle untersucht, um die Ursachen dafür zu ergründen, und andererseits Ansätze und Möglichkeiten aufgezeigt, wie man Unfälle verhindern bzw. wie man ihnen vorbeugen kann.

International besteht bei Experten im Hinblick auf entsprechende Empfehlungen auffallende Einigkeit. An erster Stelle steht eine verbesserte **Sachkunde** im Bezug auf Hunde und Hundehaltung. Das gilt für Hundehalter und Öffentlichkeit gleichermaßen. Unfällen kann nur vorgebeugt werden, wenn gefahrträchtige Situationen rechtzeitig erkannt und von vornherein vermieden oder zumindest entschärft werden können. Da eine erhöhte Gefährlichkeit einzelner Rassen bisher nicht wissenschaftlich fundiert nachgewiesen werden konnte, sind Fachleute und Wissenschaftler auch einhellig der Überzeugung, dass Rasselisten keine tatsächlich verbesserte

Sicherheit bieten. Grundsätzlich ist jeder Hund, gleichgültig welcher Rasse er angehört, als Lebewesen auch zu Fehlverhalten und damit zu unerwünschtem und gefährlichem Verhalten fähig. Auf die Gefährlichkeit eines Hundes kann man nur anhand seines Verhaltens, nicht jedoch anhand seiner Rasse schließen. Nicht Aussehen ist gefährlich, sondern Verhalten.

Vor allem Wissenschaftler aus den USA weisen zudem auf die rechtlich fragwürdige Ungleichbehandlung der Hunde und ihrer Halter aufgrund von **Rasselisten** hin. In Deutschland haben die Rasselisten dazu geführt, dass die Halter von Hunden bestimmter Rassen über Nacht plötzlich ausgegrenzt und diskriminiert wurden. Weiterhin resultiert die uneinheitliche Gesetzgebung in den einzelnen Bundesländern, eine Folge der politischen Struktur der BRD, für Hundehalter, die innerhalb Deutschlands reisen, in einer rechtlich unsicheren und schwer überschaubaren Situation. Die Rasselisten, in denen gefährliche Hunderassen aufgelistet werden, stimmen in den einzelnen Bundesländern nicht überein. Sie entbehren jeder wissenschaftlichen Grundlage und sind willkürlich erstellt. Beliebig viele neue Rassen können jederzeit hinzugefügt werden.

Auch **Mischlinge** sind betroffen. Ein Hund, der als Mischling eines Kategorie 1 Hundes gilt, wird rechtlich ebenso behandelt. Nach dem derzeitigen Stand der Wissenschaft kann ein Mischling jedoch nur dann seinen Ursprungsrassen eindeutig und zweifelsfrei zugeordnet werden, wenn die Elterntiere bekannt sind. Das ist ähnlich wie bei einer Vaterschaftsanalyse bei Menschen. Eine Zuordnung anhand des Aussehens, des so genannten Phänotyps, ist ohne genaueste Vermessungen rein willkürlich und wissenschaftlich nicht haltbar. Dennoch erfolgen solche Zuordnungen und entscheiden über die Zukunft von Hund und Halter.

Nicht nur die Rasselisten sind in den einzelnen Bundesländern verschieden. Auch die Tests, denen sich Hundehalter und ihre Hunde unterziehen müssen, sind nicht einheitlich gestaltet. Anstatt wissenschaftlich fundierte und mittlerweile auch ausführlich erprobte Tests zu übernehmen, werden in einzelnen Ländern neue Tests hausgemacht. Weder die derzeitigen wissenschaftlichen Erkenntnisse noch die Beratung durch kompetente und auch international anerkannte Fachleute sind dabei gefragt. Eine Dokumentationspflicht jedes einzelnen Tests mittels Videoaufnahme, die bei Bedarf eine nachträgliche Überprüfung ermöglichen würde, existiert nicht. Die Beurteilung erfolgt, außer an tiermedizinischen Hochschulen, bisher eher selten anhand wissenschaftlich fundierter und nachvollziehbarer Kriterien durch **einheitlich ausgebildete Gutachter**. Stattdessen werden häufig Sachverständige eingesetzt, die zwar über langjährige praktische Erfahrungen im Umgang mit und der Ausbildung von Hunden verfügen, deren Kenntnisse der Grundlagen aber nur selten dem heutigen Stand der Wissenschaft entsprechen. Vergleichbar wäre, einen Sportlehrer mit einem sportmedizinischen Gutachten zu betrauen.

Dieses Buch soll allen Interessierten die Möglichkeit bieten, sich einen Überblick über das derzeitige Wissen im Bezug auf aggressives Verhalten bei Hunden zu verschaffen. Ich möchte damit dazu beitragen, die augenblickliche Situation für Hunde und Hundehalter zu verbessern. Das geht am Besten, wenn jeder von uns Hundehaltern möglichst viel über Hunde weiß und dabei seinen Wissenstand den aktuellen Erkenntnissen anpasst. Gleichzeitig müssen wir auch akzeptieren und berücksichtigen, dass es viele Menschen gibt, die mit Hunden nichts anfangen können oder gar Angst vor ihnen haben. Auf jeden Fall aber kann und will ich nicht glauben und akzeptieren, dass in Deutschland Gesetze aufgrund von Ängsten und Vorurteilen, ohne sachliche und wissenschaftliche Grundlage, verabschiedet werden und auf Dauer Bestand haben können, die einzelne Bevölkerungsgruppen diskriminieren.

Dieses Buch ist allen Menschen gewidmet, die in den letzten Jahren wegen ihres Hundes Unrecht erlitten haben, aber auch denjenigen, denen ein Hund Schaden zugefügt hat. Außerdem möchte ich es allen widmen, die ehrlich an einer besseren Zukunft für Hunde und Menschen arbeiten.

Gefahr durch Hunde in der Öffentlichkeit

Immer wieder berichten Zeitungsmeldungen von Hunden, die Menschen, Hunden oder anderen Tieren Schaden zugefügt haben. Einige, die aus einer großen Sammlung als typische Beispiele für gefährliches Verhalten ausgewählt wurden, sind hier aufgeführt. Sie sollen illustrieren, wie unterschiedlich solche Fälle sind, sei es im Hinblick auf den Hergang als auch auf die Rasse des für das Geschehen verantwortlichen Hundes.

Tragisches Ende

Irish-Setter beißt Dackel tot

Ein kleiner Hund hat am Sonnabend in Laatzen ein tragisches Ende gefunden. Gegen 8.30 Uhr ging der Dackel mit seinem Herrchen spazieren, als sich sein Weg mit einem Dobermann und einem Irish-Setter kreuzte. Der Irish-Setter wurde von einer 57 jährigen Frau an der Leine gehalten, die das Tier für ihre Nachbarin ausführte. Als sich der Setter auf den Dackel stürzte, wurde die Frau zu Boden gerissen. Der Setter verbiß sich in den Dackel und ließ auch nicht los, als sich der kleine Hund in Demutshaltung ergab. Der Dobermann indes blieb ruhig. Die Feuerwehr brachte den Dackel in die Tierärztliche Hochschule, wo er wegen seiner schweren Verletzungen eingeschläfert werden mußte. *Bal*

Hund biss zu

Peine-Essinghausen   *(di)*. Schlimmes Erlebnis für einen sechsjährigen Jungen, der in Essinghausen spazieren ging. Sonnabend gegen 21.45 Uhr lief ein unbeaufsichtigter Pudel-Dackel-Mischling von einem Grundstück auf die Straße und biss das Kind ins Bein. Gegen die Halterin des Hundes erstatteten Polizeibeamte eine Strafanzeige.

Vom Hund gebissen und verblutet

Untergruppenbach (dpa). Nach einem Hundebiss ist im Kreis Heilbronn ein 24-Jähriger verblutet. Wie die Polizei mitteilte, hatte der Mann seinen Jack-Russell-Terrier an der Leine ausgeführt. Das Tier geriet mit dem Labrador-Mischling einer Frau in eine Beißerei, wobei der Labrador seinem Kontrahenten an die Gurgel sprang. Als der 24-Jährige dazwischenging, schnappte der Mischling nach dem Mann und erwischte ihn an der Halsschlagader. Der Verletzte verblutete.

Angriff: Handy klingelt – Hund beißt

Braunschweig (ots). Allergisch reagierte am Abend der Schäferhund einer 38-jährigen Frau auf das Klingeln eines Handys. Das Tier riss sich auf der Straße los und stürzte sich auf den Passanten, in dessen Jackentasche das Gerät piepte. Der 30-jährige Mann wurde verletzt, seine Jacke durch den Hundebiss beschädigt. Im letzten Moment hatte der 30-Jährige dem angreifenden Hund den Rücken zugedreht. Das wütende Tier sprang den Handy-Besitzer an und biss sich im Rückenteil der Jacke fest. Durch das schützende Polster wurde der Mann zum Glück nur leicht verletzt. Der Geschädigte erstattete Anzeige bei der Polizei.

Die hier in Originalgröße wiedergegebenen Zeitungsausschnitte zeigen außerdem, wie unterschiedlich der Grad an Aufmerksamkeit ist, der derartigen Vorfällen von Seiten der Medien geschenkt wird. Keiner dieser Vorfälle hat es zu einer Schlagzeile gebracht, ganz anders als Unfälle, in die Rassen wie z.B. Pitbull oder Bullterrier verwickelt sind.

Aufgrund einzelner besonders tragischer Ereignisse nicht nur in Deutschland, sondern auch in anderen Ländern wie der Schweiz, England, Frankreich und den USA hat sich das Interesse der Öffentlichkeit vermehrt der Problematik der von Hunden ausgehenden Gefahr zugewendet. Die Folge waren meist eine Vielzahl von gesetzlichen Regelungen, die vor gefährlichen Hunden schützen und für vermehrte Sicherheit sorgen sollen.

Fraglos sind sich alle, ob Hundebesitzer oder nicht, dahingehend einig, dass Schutz vor gefährlichen Hunden erforderlich ist.

Die Meinungen darüber, wie das am besten durchgeführt werden kann, gehen jedoch auseinander. Sowohl in Deutschland wie auch international besteht hier vor allem zwischen sachverständigen Fachleuten einerseits und Ordnungsbehörden und Juristen auf der anderen Seite, Uneinigkeit. Es ist jedoch niemand mit einem erhöhten Gefühl der Sicherheit in der Öffentlichkeit gedient, wenn es nur auf einem scheinbaren, nicht aber auf einem tatsächlichen Schutz vor gefährlichen Hunden beruht.

Eine übermäßige Reglementierung würde zu einer Erschwerung und damit sicherlich zu einer Reduzierung der Hundehaltung führen. Manchem mag das auf den ersten Blick als wünschenswert erscheinen. Wer sich aber der vielfältigen und wichtigen Funktionen, die Hunde im Zusammenleben mit Menschen erfüllen, bewusst ist, kann sich damit nicht zufrieden geben.

Durch die Veränderungen in der modernen Gesellschaft jedoch werden an Hunde und Hundehalter sehr viel höhere Anforderungen gestellt. Gleichzeitig besitzen wir aufgrund wissenschaftlicher Untersuchungen fundierte und sehr viel umfassendere Kenntnisse als noch vor zehn Jahren sowohl über Hunde und ihr Verhalten als auch über das Zusammenspiel zwischen Mensch und Hund. Dieses Wissen kann Wege für Maßnahmen aufzeigen, die bewirken, dass die Anzahl der durch Hunde verursachten Unglücksfälle tatsächlich und auf lange Sicht vermindert wird.

Aggressives Verhalten bei Hunden

Das Verhalten jeder Tierart hat sich in der Evolution über Jahrtausende entwickelt. Diese Entwicklung richtete sich danach, was für das Überleben am Besten geeignet war. Nachkommen hatten nur die Tiere, die lange genug überleben konnten, um sich fortzupflanzen. Dazu musste ein Tier sich geschickt genug verhalten, um alles Lebensnotwendige zu finden, und allen Gefahren aus dem Wege zu gehen. Die dafür erforderlichen Fähigkeiten sind über das Erbmaterial an die Nachkommen weitergegeben worden.

Grundsätzlich dient jede Reaktion eines Lebewesens dazu, das **Überleben** sicherzustellen, indem es den bestmöglichen Zustand für das betreffende Lebewesen herstellt. Das beinhaltet zum einen die nicht sichtbaren körperlichen Reaktionen wie z.B. die Verdauung oder die Versorgung mit Sauerstoff. So werden, wenn Futter zur Verfügung steht, genügend Stoffe bereitgestellt, um eine angemessene Verdauung der Nahrung zu garantieren. Wenn für eine körperliche Anstrengung mehr Sauerstoff gebraucht wird, wird dieser durch eine beschleunigte Atmung beschafft. Äußerlich sichtbare Reaktionen dienen ebenfalls dem Überleben und werden insgesamt als Verhalten bezeichnet. Weglaufen bei Gefahr verbessert sozusagen die Situation für den Betroffenen und sichert für diesen Augenblick das Überleben.

Mit der **Domestikation** einer Wildart hat der Mensch begonnen, zu entscheiden, welche Eigenschaften wichtig sind. Daher unterscheiden sich domestizierte Tiere in vielem von der Wildform. Dennoch liegen immer noch viele Eigenschaften und Verhaltensweisen der Wildform dem Verhalten der domestizierten Form zugrunde. Diejenigen Eigenschaften und Verhaltensweisen, die für das Überleben besonders wichtig sind, haben sich natürlich durch den Einfluss von Domestikation und Zucht allenfalls sehr langsam verändert.

Das Erbe: Soziale Struktur und Jagdverhalten bei Wölfen

Heute geht man davon aus, dass der Wolf der alleinige Stammvater des Hundes ist. Das bedeutet, das Erbmaterial aller Hunderassen stammt vom Wolf. Die ungeheure Vielfalt bei Hunderassen wird darauf zurückgeführt, dass es weltweit viele verschiedene Wolfsarten gibt, die auch sehr unterschiedlich aussehen können. Das Verhalten von Hunden kann man besser verstehen, wenn man sich klarmacht, welche Anforderungen das Leben an Wölfe stellt, und wie sie leben.

Soziale Hierarchie

Wölfe müssen mit Artgenossen zusammenleben, das nennt man „obligat sozial". Sie leben in einem Familienverband. Ein solches „Rudel" besteht aus zwei erwachsenen Tieren und deren Nachwuchs.

Jedes Jahr werden in diese Familie neue Welpen geboren. Sie erfahren von Anfang an, dass alle anderen Mitglieder des Rudels, die Eltern ebenso wie die Geschwister aus vorhergehenden Würfen, größer, stärker und schneller sind als sie selbst. Sie lernen, ernsthafte Auseinandersetzungen mit derart überlegenen Gegnern zu vermeiden. Die jüngeren Tiere lernen, die älteren Rudelmitglieder zu respektieren und sich angemessen zu verhalten.

Entwicklung und Sinn der Rangordnung

Innerhalb der Gruppe existiert eine soziale Hierarchie. Es gibt ranghohe (= dominante) und rangniedere (= subdominante) Mitglieder. Das Wort „**Dominanz**" beschreibt nicht das Wesen eines einzelnen Tieres. Es beschreibt das Verhältnis zweier Individuen zueinander. Dominanz ist keine angeborene Eigenschaft sondern wird erworben. Sie ergibt sich aus den einzelnen Ergebnissen einer ganzen Reihe von Interaktionen zweier „Partner", in denen jeder Informationen über die Stärken und Schwächen des Anderen erhalten und gesammelt hat. Die Jüngsten wachsen vom ersten Tag an in die existierende Hierarchie hinein. Diese bildet die Grundlage für das geordnete Zusammenleben in der Gruppe und beruht darauf, dass sich die einzelnen Tiere individuell kennen. Der Zugang zu allem, was zum Leben erforderlich ist, den so genannten Ressourcen, wird durch die **Rangordnung** kontrolliert. Je höher der Rang, desto ungehinderter ist der Zugang zu allen Ressourcen. Wer den höchsten Rang hat, kann das, was er will, jederzeit haben. Die Vorrechte der Ranghöchsten – der Eltern – werden von den untergeordneten Tieren – den Kindern – akzeptiert und respektiert. Die Mitglieder eines Rudels akzeptieren die Dominanz des Ranghöchsten ohne Widerspruch, weil sie aus Erfahrung gelernt haben, seine Überlegenheit anzuerkennen. Das ist auch nicht erstaunlich. So wird es von Anfang an im täglichen Umgang miteinander eingeübt. Die Elterntiere treffen alle Entscheidungen. Sie sind für die Befriedigung aller Bedürfnisse ihrer Welpen verantwortlich. Die Welpen haben gar keine andere Wahl, wenn man bedenkt, wie abhängig sie von ihren Eltern sind – oder sich einmal den Größenunterschied zwischen Eltern und Welpen vor Augen führt. Ranghohe, also dominante Tiere haben es zumeist gar nicht nötig, ihre Position aggressiv zu verteidigen, da sie eher selten ernsthaft in Frage gestellt wird.

Spielregeln für Auseinandersetzungen

So entwickelt sich eine stabile Rangordnung, die durch übersichtliche Regeln für Klarheit im Umgang miteinander sorgt. Das reduziert den Stress für das einzelne Tier und dient der Vermeidung von ernsten Auseinandersetzungen. Allerdings sind Jungwölfe bis zum Alter von einem Jahr noch nicht wichtig genug, um überhaupt ernst genommen zu werden, und spielen in der Rangordnung keine Rolle. Tiere, die die soziale Reife erreicht haben, wandern unter natürlichen Lebensbedingungen ab, sobald sie bereit sind, sich selbst weiter fortzupflanzen. Die älteren Rudelmitglieder haben andererseits natürlich auch keinerlei Interesse daran, die eigenen Kinder oder Geschwister zu verletzen. Das ganze Rudel hat ein gemeinsames Ziel: so gut wie möglich zu überleben und möglichst *viele Welpen* erfolgreich aufzuziehen.

Je mehr Mitglieder der Gruppe gesund und voll einsatzfähig sind, desto wahrscheinlicher wird dieser Erfolg. Je leistungsfähiger jedes einzelne Familienmitglied ist, desto besser kann der Nachwuchs vor Feinden geschützt und desto mehr Futter kann herbeigeschafft werden.

Kommunikation

Die Grundlage für den Erfolg eines Wolfsrudels, ob beim Zusammenleben oder bei der gemeinsamen Jagd, bildet das gute Zusammenspiel zwischen den einzelnen Rudelmitgliedern. Dazu ist die Fähigkeit, sich miteinander zu verständigen, also die Fähigkeit zur Kommunikation, unerlässlich.

Wölfe gebrauchen dazu alle **Sinne:** durch Hören, Sehen, Berühren, aber auch durch Riechen und Schmecken werden Informationen ausgetauscht. Bei wissenschaftlichen Untersuchungen und Beobachtungen ist davon für uns Menschen natürlich nur ein begrenzter Bereich direkt zugänglich: nämlich das, was wir sehen und hören können. Die grundlegenden Signale ihrer eigenen Art sind Wölfen angeboren, ebenso wie das Verständnis für deren Bedeutung. Es erfolgt jedoch eine Anpassung durch Lernen. Um angemessen und erfolgreich miteinander kommunizieren zu können, müssen die Tiere also ausreichend Erfahrungen mit Artgenossen machen. Das rasche Erkennen einer bestimmten Körperhaltung oder eines bestimmten Gesichtsausdruckes und die angebrachte Reaktion müssen sich einspielen. Das alles geschieht in den ersten Lebensmonaten. Der Zeitraum, in dem die Welpen den angemessenen Umgang mit ihren Artgenossen erlernen, wird als **Sozialisation** bezeichnet.

Jagdverhalten

Für ein Landraubtier wie den Wolf bildet Jagen die Grundlage zur Erfüllung eines lebenswichtigen Bedürfnisses, der Nahrungsbeschaffung. Von dieser Fähigkeit hängt das Überleben ab. Von allen Jagdversuchen sind jedoch nur insgesamt etwa 10 % erfolgreich. Eigentlich hat die Evolution dafür gesorgt, dass keine Energie verschwendet wird, indem Verhaltensweisen, die nicht zum Erfolg führen, sinnvollerweise früher oder später eingestellt werden. Es würde jedoch die Überlebenschancen stark beeinträchtigen, wenn ein Tier aufgrund mehrerer erfolgloser Jagdversuche entmutigt das Jagen einstellen würde. Obwohl also Jagen nur in einem Bruchteil der Fälle zum Erfolg führt, wird immer wieder gejagt. Das beruht darauf, dass das Jagen selbst im Gehirn durch bestimmte Stoffe (Neurotransmitter) Wohlgefühl auslöst. Jagen ist damit eine so genannte „selbstbelohnende" Tätigkeit.

Da bei jedem **Jagdversuch** viel Energie verbraucht wird, vermindert jede erfolglose Jagd die weitere Leistungsfähigkeit.

Anschleichen

Jagdverhalten muss also vorzugsweise einsetzen, solange die Leistungsfähigkeit gut ist und damit möglichst *bevor* wirklich Hunger herrscht. Andernfalls wären die Überlebenschancen verringert. Aus diesem Grund hat die Evolution dafür gesorgt, dass Jagdverhalten *unabhängig von Hunger* ausgelöst wird, und zwar durch *schnelle Bewegung*. Dieser Auslöser ist angeboren. Geruch als Auslöser für Jagdverhalten wird vermutlich sehr frühzeitig gelernt. Das **Beutespektrum** von Wölfen beinhaltet die unterschiedlichsten Beutetiere und schließt – abhängig vom Lebensraum – in Bezug auf Größe alles zwischen Maus und Elch ein. Da große Beutetiere nur von mehreren Wölfen gemeinsam erlegt werden können, ist eine gut funktionierende und ausgefeilte Zusammenarbeit des Rudels erforderlich. Die Vorgehensweisen bei der Jagd orientieren sich naturgemäß am Beuteangebot und sind entsprechend vielfältig.

Folgende Verhaltensweisen gehören in den Bereich Jagdverhalten:

Suchen: Absuchen der Umgebung nach Spuren von möglicher Beute. Da Wölfe ihr Revier gut kennen, überprüfen sie natürlich Plätze, die vielversprechend sind, z.B. Wildwechsel.
Erstarren: Bewegungsloses Verharren, z.B. beim Anblick der Beute, oder im Verlauf des Anschleichens.
Fixieren: Anstarren des Beutetieres.
Lauern: Bewegungsloses Verharren hinter einer Deckungsmöglichkeit.
Anschleichen: Langsames Annähern an die Beute unter Berücksichtigung der Windrichtung und Nutzung von Deckungsmöglichkeiten.
Warten: siehe Lauern
Vorspringen: siehe Angreifen
Nachfolgen: Langsames der Beute Folgen.
Hetzen: In Höchstgeschwindigkeit der Beute folgen.
Angreifen: Anspringen und, wenn möglich, Beißen.

Im Verlauf des **Angriffs** kann es zum Kampf mit dem Beutetier kommen. Dabei wird versucht, das Tier festzuhalten, zu Boden zu reißen oder – zu ringen. Schließlich kommt es zum Tötungsbiss. Kleinere Beutetiere werden evtl. tot geschüttelt.

Nach erfolgreicher Jagd wird die Beute in vielen Fällen an Ort und Stelle gefressen, kleinere Beutetiere werden evtl. zum Fressen an eine sicherere Stelle getragen. Wölfe können sehr viel Fleisch auf einmal aufnehmen und es bei Bedarf auch im Magen transportieren, z.B. um die Welpen im Lager zu versorgen. Auch Vorratshaltung ist möglich. Dazu wird die Beute oder Teile davon an einem sicheren Platz versteckt.

Hunde sind keine Wölfe mehr – oder doch?

Der Wolf als Stammvater hat die genetische Grundlage für den Hund geliefert. Auf diesen angeborenen Anlagen beruht das Verhalten unserer heutigen Hunde.

Man könnte sagen, dass die angeborenen Anlagen eines Lebewesens sozusagen ein Angebot an die Umwelt darstellen. Je nachdem, in welcher Umgebung dann dieses Lebewesen aufwächst, werden bestimmte Anlagen gefördert. Andere wieder werden durch die Umwelt unterdrückt, d.h. die Umwelteinflüsse arbeiten aktiv dagegen an. Wieder andere bleiben sozusagen unsichtbar, weil sie nie genutzt wurden und dadurch verkümmern.

Förderung und Unterdrückung von Verhalten

Ein gutes Beispiel für die Förderung von Verhalten bei Menschen ist das Tanzen. Jedes Kind, das organisch gesund ist, kann – rein körperlich betrachtet – tanzen. Man kann auch tatsächlich beobachten, dass Kinder ungefähr im Alter von zwei Jahren, wenn sie Musik hören, zu tanzen anfangen. Dieses Verhalten kann nun einerseits gefördert werden. Dazu muss allerdings die Möglichkeit dazu geboten werden: es muss der Platz und die Musik dafür vorhanden sein; außerdem sollte das Verhalten selbst, also Tanzen, auch noch belohnt werden, z. B. durch Zuschauen.

Man kann das Verhalten jedoch auch unterdrücken. Ein Weg besteht darin, das Verhalten zu bestrafen. Ein anderer wäre, dafür zu sorgen, dass weder der nötige Platz noch die Musik vorhanden sind. Ein wieder anderer wäre, die körperlichen Fähigkeiten so zu beeinflussen, dass Tanzen rein körperlich nicht möglich ist. Bei Mädchen im alten China hat man die Füße eingebunden und so die Bewegungsfähigkeit auch eingeschränkt.

Auch bei Hunden werden die angeborenen Eigenschaften durch die Einwirkung der Umwelt geformt. Manche werden gefördert, andere vernachlässigt und wieder andere aktiv unterdrückt. Was gefördert und was unterdrückt wird, richtet sich danach, unter welchen Umständen ein Hund lebt. Ganz offensichtlich unterscheidet sich das Leben unserer Hunde heute grundlegend von dem eines Wolfes.

Im Gegensatz zum Hund kommen Wölfe in einer Gruppe von Artgenossen zur Welt. Wenn sie in der ihnen angemessenen Umgebung aufwachsen, werden sie in eine festgefügte Gemeinschaft hineingeboren und entwickeln sich innerhalb der bestehenden Rangordnung. Sie lernen die erforderlichen Verhaltensweisen von der Mutter, den anderen Rudelmitgliedern und ihren Geschwistern. Man versteht einander: die grundlegenden Signale und ihre Bedeutung ist angeboren. Die Wolfswelpen lernen deutlich und häufig die Unterordnungsgesten zu zeigen, die für rangniedere (subdominante) Tiere angemessen sind und die signalisieren, dass die Rangposition anderer, in der Hierarchie höher stehender Rudelmitglieder akzeptiert und nicht in Frage gestellt wird. Der richtige Umgang miteinander wird täglich eingeübt.

Angst – ein lebenserhaltender Zustand

Artgenossen gehören für Wölfe entweder zum eigenen Rudel oder sind unbekannte Tiere und damit Konkurrenz und Bedrohung. Andere Tiere können Beute oder Bedrohung sein. Das Leben von Wölfen in freier Wildbahn verläuft trotz aller möglichen Gefahren nach einfachen Regeln. Alles, was fremd ist, ist eine Bedrohung – außer es kommt als Beute in Betracht. Wenn es bedrohlich ist, kann man sich in jedem Fall erst einmal zurückziehen.

Angst ermöglicht es einem Individuum, sich vor angsterregenden und gefährlichen Dingen und Situationen zurückzuziehen. Diese Funktion kann nur dann zufriedenstellend erfüllt werden, wenn ein Individuum imstande ist, gefährliche Situationen und Objekte zu erkennen und entsprechend zu reagieren. Angst vor allem, was

unbekannt ist, seien es Lebewesen oder andere Dinge, ist lebenser-
haltend. Die Fähigkeit, Angst zu haben, ist nicht eine erlernte
Erwartung von etwas Schädlichem, sondern ebenso angeboren wie
andere Fähigkeiten, z.B. Riechen oder Hören, wird aber durch Lernen geformt. Angst ist biologisch sinnvoll. Sie dient, wie der
Schmerz, dem Überleben des einzelnen Individuums. Wer keine
Angst hat, lebt nicht lange.

Was zeichnet die Situation des Hundes aus?

Unsere Haushunde, so verschieden die einzelnen Rassen auch sein
mögen, tragen noch immer die genetischen Grundlagen, die Leben
und Überleben von Wölfen ermöglicht haben. Aber das Leben
unserer Hunde unterscheidet sich grundlegend vom Leben des
Wolfes. Es ist aufgrund der einzigartigen Stellung von Hunden in
der menschlichen Gesellschaft sehr viel komplexer als das von Wölfen. Im Gegensatz zu Wölfen treffen Hunde routinemäßig auf unbekannte und bekannte Artgenossen, die nicht zu ihrem Rudel
gehören. Sie leben in einer Gruppe, die aus Menschen und Hunden
und möglicherweise weiteren Haus- und Nutztieren besteht. Verhalten, das also beim Wolf oder wilden Hunden ausschließlich
gegenüber Artgenossen gezeigt wird, kann beim Hund zusätzlich
auf Artfremde gerichtet werden. Die einzelnen Mitglieder einer aus
verschiedenen Arten gemischten Familie besitzen jedoch kein
angeborenes Verständnis für die angeborenen Signale der jeweils
anderen Art. Eine gegenseitige Verständigung muss sich erst entwickeln, Missverständnisse sind vorprogrammiert. Die in diesem
Zusammenhang häufig diskutierte Frage, ob Hunde Menschen als
ihrer Art zugehörig empfinden, ist wenig sachdienlich. Hunde können sich auch gegenüber Menschen nur wie Hunde verhalten.
Hunde müssen Verhaltensweisen lernen, die für das Zusammenleben mit Menschen unabdingbar sind. Nicht immer sind jedoch
dafür angeborene Grundlagen vorhanden. Aber Hunde sind, ebenso wie Menschen, ungeheuer anpassungs- und lernfähig.

Entwicklung von Hundeverhalten

Im Einzelfall beruht Verhalten auf angeborenen Faktoren, den Erfahrungen, also dem erlernten Verhalten, dem körperlichen Zustand des Tieres und der augenblicklichen Situation. Es ist außerordentlich schwer, deutlich zu trennen, was angeboren und was erlernt ist. Mittlerweile gibt es schon eine ganze Reihe von Untersuchungen über die Verhaltensentwicklung bei verschiedenen Hunderassen, die dazu beitragen sollen, mehr Klarheit zu gewinnen.

Man führt solche Untersuchungen durch, indem man zunächst eine genaue Beschreibung einzelner Verhaltensweisen, ein so genanntes Ethogramm, erstellt. Mit Hilfe eines solchen Ethogrammes kann festgestellt werden, wann eine bestimmte Verhaltensweise bei einem Welpen zum ersten Mal auftritt. Eine eindeutige und möglichst einheitliche Beschreibung und Definition jedes einzelnen Verhaltensmusters ist erforderlich, um persönlich gefärbte und auf Menschen bezogene (anthropomorphe) Auslegungen durch den einzelnen Beobachter weitgehend auszuschließen.

80 % aller registrierten Verhaltensformen von Wolf und Hund zeigen sich in den ersten acht Lebenswochen. Die Entwicklung des Verhaltens ist von der körperlichen Entwicklung abhängig. Aufgrund unterschiedlicher Reifung können einzelne Verhaltensweisen bei den verschiedenen Rassen zu unterschiedlichen Zeitpunkten zum ersten Mal gezeigt werden.

Man unterscheidet in der Verhaltensentwicklung folgende Abschnitte :

Neonatale Phase	Geburt bis 14. Lebenstag
Transitionale Phase	15. bis 21. Lebenstag
Sozialisationsphase	4. –12./14. Lebenswoche
Juvenile Phase	12./14. Lebenswoche bis Eintritt der Geschlechtsreife

Neonatale und transitionale Phase

Während der neonatalen Phase sind die Welpen sozusagen kleine Fressmaschinen. Sie sind völlig auf die Fürsorge der Mutter angewiesen und wenig zugänglich für die Reize der Außenwelt außer Kälte. In der transitionalen Phase, die mit der dritten Lebenswoche beginnt, erfolgt eine massive Wandlung und damit der Übergang zu den Verhaltensformen des erwachsenen Hundes. Ab dem Alter von 18 – 20 Tagen beginnen die Welpen zu lernen, d. h. Erfahrungen werden gespeichert, womit sie sehr anpassungsfähig werden. Vorher erfolgende negative Erfahrungen hinterlassen keine negativen Nachwirkungen. Während der ersten drei Lebenswochen sind die Welpen also aufgrund ihres Entwicklungszustands sehr vor dem Einfluss der Umgebung auf ihre Psyche geschützt, danach allerdings reagieren sie hochsensibel auf ihre Umwelt. Der Einfluss der Umgebung ist demnach – je nach Alter der Welpen – sehr unterschiedlich. Mit ungefähr 3 Wochen beginnen Welpen, auf etwas entfernte Menschen und andere Tiere zu reagieren. Während vor dem Alter von zwei Wochen kaum Fluchtverhalten beobachtet wird, ist Zurückweichen jetzt möglich.

Sozialisierung

Mit der 4. Lebenswoche beginnt beim Hund die so genannte Sozialisationsphase. Die Welpen sind jetzt außerordentlich aufnahmefähig. Das Gehirn entwickelt sich rasant weiter und ist dazu grundlegend auf Umwelteinflüsse angewiesen. Während dieser Phase erlernen die Welpen die Regeln für den Umgang mit anderen Lebewesen (Sozialisation) und gewöhnen sich an die Reize der Umwelt (Habituation). Es erfolgt eine schnelle Entwicklung von sozialen Verhaltensmustern im Zusammenspiel mit Mutter und Geschwistern. Die Mutter beginnt Futter zu erbrechen und entwöhnt schrittweise die Welpen. Sie ist nicht mehr so verfügbar und zeigt sogar aktive Ablehnung: sie schnappt nach den Welpen, ohne sie jedoch dabei zu berühren. Damit findet schon ein Training von Frustration und angemessenem Verhalten statt.

Eine **Schreckreaktion** – plötzliches Zusammenzucken bei überraschenden Geräuschen und Bewegungen – wird erstmalig zwischen dem 18. bis 20. Tag gezeigt. Dabei unterscheiden die Welpen jedoch nicht weiter, was wirklich „gefährlich" ist und was nicht. **Angst** beginnt sich erst ungefähr im Alter von fünf Wochen zu zeigen. Die weitere Entwicklung von Angstreaktionen ist abhängig von den Bedingungen, unter denen die Aufzucht erfolgt. Gegen Ende der Sozialisationsphase zeigen die Welpen soziale Beziehungen mit „Bekannten" und Angst, Unsicherheit und Fluchtverhalten vor Unbekannten.

Knurren wird schon sehr früh beobachtet. Verhaltensweisen wie Vermeiden und Flucht, Haare sträuben, Nasenrückenrunzeln mit gesträubtem Fell, aktive und passive Unterwerfung und die entsprechende Mimik, aufgerichtete Körperhaltung und erhobener Schwanz, offensive Mimik und Schnappen entwickeln sich bis zum Alter von etwa 8 Wochen. Gruppenangriffe auf einzelne Tiere treten ab der siebten Lebenswoche auf.

Mit ungefähr sieben bis acht Wochen entsprechen die Sinnesfunktionen denen erwachsener Tiere weitgehend, ebenso die Fähigkeit zu lernen, also die Assoziationsfähigkeit. Dasselbe gilt für die Bewegungsabläufe, allerdings sind die Bewegungen noch nicht so effizient wie beim erwachsenen Hund.

Die Bedeutung der Umwelt scheint im Alter von sechs bis sieben Wochen besonders stark zu sein und damit das Umsetzen zu diesem Zeitpunkt besonders traumatisch.

Beißhemmung Während der Sozialisationsphase lernen Welpen, wie man mit anderen Hunden, mit Menschen und mit anderen Tieren umgeht. Sie lernen unter anderem, vor allem zunächst im Umgang mit ihren Geschwistern, dass es sich nicht lohnt, wenn man mit Freunden grob umgeht: das hat nur Nachteile. Zu grobes Anrempeln oder Beißen führt zum Abbruch eines Spieles oder dazu, dass zurückgerempelt oder -gebissen wird. Auf diese Weise wird die Beißhemmung erlernt, sie ist nicht angeboren.

In diesem Zeitraum müssen Welpen Erfahrungen mit den unterschiedlichsten Menschen sammeln. Frauen, Männer und Kinder sehen nicht nur sehr verschieden aus, sie bewegen sich auch unterschiedlich. Das alles ist für Hunde gewöhnungsbedürftig. Alles, an was man sich rechtzeitig gewöhnt, wird später keine Angst auslösen. Jetzt ist auch das richtige Alter, um Welpen mit allen Maßnahmen der Körperpflege vertraut zu machen. Hunde müssen erst lernen, sich überall am Körper berühren zu lassen, oder das sogar gern zu haben. Berührungen von fremden Menschen sollten ebenfalls ohne Scheu geduldet werden. Das alles muss man rechtzeitig und regelmäßig mit einem jungen Hund üben. In diesem Zeitraum werden Muster angelegt, die dazu dienen, angemessen mit Artgenossen, Menschen und anderen Tieren umzugehen.

Mehr oder weniger gleichzeitig mit der Sozialisation erfolgt die Habituation, die Gewöhnung an die unbelebte Umwelt einschließlich aller möglichen Geräusche. Hunde müssen in diesem Zeitraum alles kennen lernen, wovor sie später keine Angst haben sollen. Es bildet sich auch hier ein Muster, mit dem später verglichen wird: Bekanntes macht keine Angst, Unbekanntem wird mit Vorsicht begegnet.

Mangelnde Sozialisierung, zu wenig Kontakt mit Menschen, anderen Hunden, anderen Tieren und der Umwelt ganz allgemein beeinträchtigt bzw. verhindert eine angemessene Entwicklung und Reifung des Gehirns. Hunde, die in diesem Alter nicht die erforderlichen Erfahrungen mit Artgenossen, verschiedensten Menschen, anderen Tieren und der Umwelt machen können, leiden später entweder unter allgemeiner (generalisierter) Angst oder Angst vor bestimmten Auslösern. Solche Tiere sind generell unsicher, leicht in Angst zu versetzen und haben Probleme im Umgang mit Alltagssituationen. Abhängig von Situation und Charaktermerkmalen versuchen solche Hunde zu fliehen oder zeigen Beschwichtigungs- bzw. aggressive Signale. Wenn Fliehen unmöglich ist und die Fluchtdistanz unterschritten wird, ist Erstarren, Beschwichtigung oder Verteidigung mit Angriff möglich.

Juvenile Phase

Während der juvenilen Phase zwischen der 12. bis 14. Lebenswoche und vor dem Eintritt der Geschlechtsreife erfolgt der Zahnwechsel;

die Sinnesorgane sind jetzt voll entwickelt. Die Umstellung auf eine neue Umgebung scheint mit 12 Wochen am leichtesten zu fallen. Die während der Sozialisationsphase begonnene Gewöhnung an die belebte und unbelebte Umwelt muss intensiv weitergeführt werden. Kann der Junghund in den folgenden Monaten nicht weiterhin ausreichend Erfahrungen sammeln, sind Rückschritte die Folge und damit kommt es erneut zu gesteigerter Unsicherheit und Ängstlichkeit. Zuwenig Erfahrung führt, ebenso wie schlechte Erfahrungen, zu Angst. Außerdem kann eine einzige schlechte Erfahrung prägend sein.

Gruppenverhalten nimmt zu. Im Alter von 15 Wochen sind deutliche Rangverhaltensmuster sichtbar, dabei treten viele und deutliche Signale auf, aber wenig Kämpfe. Sexualverhalten wird spielerisch gezeigt, bei anderen interessanten Ereignissen oder Eindrücken jedoch schnell beendet.

Der Grad der Toleranz gegenüber Fremden variiert je nach Entwicklungszustand und Rasse: Fremde können angegriffen werden. Mit dem Ende der juvenilen Phase können erste Anzeichen von Territorialverhalten auftreten. Mit ungefähr vier Monaten sind die Grundlagen für die Zukunft gelegt. Schon jetzt kann das neu zu Lernende mit dem bisher Gelernten in Widerspruch geraten.

Unterschiede in der Entwicklung von Wölfen und Hunden

Wölfe machen in ihrer natürlichen Umgebung diejenigen Erfahrungen, die eine angemessene Entwicklung und damit die Überlebensfähigkeit der Tiere sicherstellen. Sie werden fortlaufend und meist zum richtigen Zeitpunkt mit den Dingen konfrontiert, die in ihrem weiteren Leben eine Rolle spielen werden. Das Zusammenleben in der Gruppe wird sozusagen von der Pike auf gelernt und im täglichen Umgang miteinander eingeübt.

Alles, was Wolfswelpen nicht unter der Anleitung der erwachsenen Tiere *rechtzeitig* kennen lernen, löst später Angst und Fluchtverhalten aus. Das erhöht die Wahrscheinlichkeit, zu überleben. Nach der Pubertät gibt es eine Phase, in der dieses Angstverhalten auffallend stark ist – praktisch eine Lebensversicherung bei jugendlichem Übermut.

Die Kinderstube

Hundewelpen dagegen wachsen, je nach Züchter, unter den verschiedensten Bedingungen heran. Beispielsweise leben manche in den ersten Lebenswochen in einer Familie mit Kindern und anderen Haustieren, andere in einer gepflegten großen Zwingeranlage, wo mehrmals täglich dieselbe Pflegeperson erscheint. Wieder andere werden in ehemaligen Schweineställen geboren, in denen zahllose Hündinnen im Dämmerlicht Nachwuchs in Massen produzieren, ohne Kontakt zu Menschen und üblichen Umweltreizen.

Nur Welpen, die beizeiten genügend Erfahrungen mit allem sammeln können, dem sie in ihrem späteren Leben begegnen, sind ausreichend für die Zukunft gerüstet. Tiere, denen das verwehrt wird, sind einem Leben in einer völlig anderen Umgebung nur dann gewachsen, wenn sie rechtzeitig, also möglichst früh, in die neue Umgebung verbracht werden. Das aber vermindert wiederum die Zeit für das Üben von angemessenen sozialen Umgangsformen mit Mutter und Geschwistern.

Hunde, die die ersten Lebenswochen unter ungünstigen Bedingungen verbringen und bei der Abgabe älter als zwölf bis vierzehn Wochen sind, sind vielfach überfordert. Solche Tiere neigen zu Ängstlichkeit und sind wenig belastbar. In Alltagssituationen reagieren sie häufig unangemessen, in vielen Fällen aggressiv. Im Extremfall ist das Gehirn unwiderruflich geschädigt und die Tiere zeigen die genannten Symptome in hohem Ausmaß: sie leiden unter einem so genannten **Defizitsyndrom**.

Unabhängig jedoch davon, ob die Welpen in eine wünschenswerte oder in eine ungünstige Umgebung hinein geboren werden: diese Umstände sind sie von Anfang an gewohnt, sie sind damit seit ihrer Geburt vertraut und sie fühlen sich sicher.

Aus dieser Situation werden sie nun eines Tages plötzlich herausgerissen. Die gewohnten Bezugspersonen sind verschwunden, ebenso Mutter und Geschwister. Die Umgebung ändert sich, alles ist neu und ungewohnt und erregt Angst. Regeln, die bisher gegolten haben, gelten nicht mehr. Die dem Welpen angeborene **Körpersprache** wird nur unzureichend oder überhaupt nicht verstanden. Die von den neuen Menschen verwendeten Signale sind weitgehend fremd. Hunde, die aus früheren Erfahrungen Bezugspunkte für dieses neue Leben haben, sind einer solch beunruhigenden Situation natürlich besser gewachsen.

Dieser abrupten Umstellung folgen Wochen und Monate, in denen Hundewelpen ungeheuer viel lernen müssen. Dafür sind sie, wie alle Jungtiere, von der Natur auch eigentlich ausgestattet. Aber Hunde müssen fast immer alles von Menschen lernen, nicht von ihren Artgenossen. Menschen haben eine ganz andere Körpersprache, und die wenigsten verstehen die Körpersprache von Hunden wirklich.

Anforderungen an Hunde

Hunde müssen, ebenso wie Wölfe, lernen, mit der täglichen Umgebung zurecht zu kommen. Die Grundlagen dafür werden in den ersten Lebenswochen gelegt, aber fortlaufendes Üben ist unerlässlich. Sie müssen sich den Mitgliedern ihrer sozialen Gruppe gegenüber angemessen verhalten. Das bedingt Vertrauen zu den anderen Familienmitgliedern und die Kenntnis der passenden Verhaltensweisen. Zusätzlich müssen sich Hunde in die soziale Hierarchie der Gruppe einfügen. Hunde lernen das alles, anders als Wölfe, im Allgemeinen frühestens ab der achten Lebenswoche, sobald sie eben in ihrer neuen Familie sind.

Neben diesen für das Gruppenleben grundsätzlich erforderlichen Voraussetzungen gibt es Verhaltensweisen, die dem Überleben dienen und aus diesem Grund angeboren, aber in der menschlichen Gesellschaft unerwünscht sind. Dazu gehört beispielsweise, einfach Essen wegzunehmen, wenn es verfügbar erscheint, weil man Hunger hat; Gegenstände, die interessant erscheinen, mit Maul und Zähnen zu untersuchen und vielleicht auseinander zu nehmen; Ausscheidungen an Stellen zu hinterlassen, die gut aufsaugen oder zur Demonstration geeignet sind. Hunde müssen im

Zusammenleben mit Menschen lernen, Dinge zu unterlassen, die im Sinn der Evolution dem Überleben dienen.

Weiterhin wird von Hunden erwartet, dass sie bestimmte Handlungen ausführen, wenn sie dazu aufgefordert werden: z.b. sich sofort hinsetzen, sofort herankommen, sich hinlegen, neben ihrem Menschen gehen, ohne an der Leine zu zerren. Das alles wird für selbstverständlich gehalten. Es ist für die meisten Menschen nachvollziehbar, dass Spezialhunde wie z.B. Blindenführ- oder Rettungshunde eine entsprechend anspruchsvolle Ausbildung durchlaufen müssen. Nicht klar ist den meisten Menschen, wie hoch die Ansprüche sind, die in der heutigen Zeit an einen ganz normalen Familienhund gestellt werden. Damit ein Familienhund diesen Anforderungen gerecht werden kann, muss er die Gelegenheit gehabt haben, die erforderlichen Verhaltensweisen zu lernen und ausreichend einzuüben. Dabei muss man berücksichtigen, dass Hunde die menschliche Sprache nicht beherrschen.

Wie lernen Hunde überhaupt?

Die Fähigkeit zu lernen ermöglicht eine optimale Anpassung an die verschiedensten Lebensumstände. Hunde und Menschen besitzen diese Fähigkeit in hohem Maß. Beide können sich aus diesem Grund an die verschiedensten Situationen anpassen. Möglicherweise gehört das zu den Gründen für das Zusammenleben von Mensch und Hund. Beide sind obligat sozial, brauchen also Sozialpartner, und beide sind sehr lern- und anpassungsfähig.

Lernen ist an die Funktion von Sinnesorganen, Nervenzellen und Gehirn gebunden. Der Organismus empfängt Informationen/Signale über die Sinnesorgane, es erfolgt eine Weiterleitung über die Nerven – zumeist an das Gehirn. Hier werden die Informationen verarbeitet und die erforderlichen Reaktionen ausgelöst. Das Ziel aller Reaktionen besteht darin, den betreffenden Organismus in den im Augenblick bestmöglichen Zustand zu versetzen. Das erfordert Änderungen bzw. Anpassungen: innerhalb des Organismus beispielsweise eine Beschleunigung des Herzschlags. Als Verhalten bezeichnet man die äußerlich sichtbaren Änderungen wie z.b. Weglaufen.

Lernen bewirkt letztendlich eine Änderung im Zentralnervensystem, die eine Änderung des Verhaltens zur Folge hat. Erst wenn als Folge von Ereignissen eine Änderung am Verhalten des Organismus beobachtet oder gemessen werden kann, wird Lernen sichtbar. Lernen findet immer statt, 24 Stunden am Tag.

Lernen ist an die organischen Strukturen von Sinnesorganen, Nerven und Gehirn gebunden. Uns allen ist klar, dass Organismen und Organe ihre Funktion nur dann erfüllen können, wenn bestimmte Grundvoraussetzungen gegeben sind. Ein Säugetier kann nur leben und funktionieren, wenn bestimmte Temperaturbereiche nicht über-, aber auch nicht unterschritten werden. Unsere Lunge kann Sauerstoff nur dann nutzen, wenn dieser in einer bestimmten

Form in der Luft vorliegt. Sauerstoff aus dem Wasser kann sie nicht aufnehmen. Das gilt auch für das Lernen. Abhängig von organischen Strukturen muss es bestimmten Regeln und Prinzipien folgen, und kann nur stattfinden, wenn das zu Lernende in einer bestimmten Form angeboten wird. Jedes Mal, wenn erfolgreich etwas gelernt wurde, sind diese Regeln, beabsichtigt oder unbeabsichtigt, befolgt worden.

Die Regeln

Zunächst müssen dazu zwei Begriffe näher erläutert werden, die „klassische" Konditionierung und die „instrumentelle" oder „operante" Konditionierung. Konditionierung bedeutet dabei nichts anderes als Lernen. Mit diesen beiden Begriffen unterscheidet man zwei unterschiedliche Lernvorgänge. Beide Vorgänge laufen jedoch im wirklichen Leben immer *gleichzeitig* ab.

Klassische Konditionierung

Wenn zwei Reize in engem zeitlichem Zusammenhang auftreten, so stellt das Gehirn eine Verknüpfung zwischen beiden her: es erfolgt eine Assoziation. Das geschieht besonders dann, wenn es auffallende Reize sind.

Beispiel:
Ich höre eine Biene summen, gleich darauf fühle ich einen heftigen Schmerz im Nacken. Seit diesem Erlebnis bekomme ich jedes Mal Herzklopfen und Angst, wenn ich eine Biene sehe oder summen höre – auch wenn ich nicht gestochen werde.

Schmerzen lösen immer eine körperliche Reaktion aus, z.B. Herzklopfen und Angst. Bienensummen allein tut das nicht. Im Gegenteil, für viele Menschen bedeutet Bienensummen das schöne Gefühl von Sommer. Allein durch den zeitlichen Zusammenhang von Summen und Schmerz durch den Bienenstich ist eine Verbindung, eine Assoziation entstanden. Ab jetzt ruft Bienensummen im

Körper automatisch die damalige Reaktion wieder hervor: Herzklopfen und Angst.

Damit überhaupt eine derartige Verknüpfung, also Lernen, stattfindet, müssen die folgenden Voraussetzungen erfüllt sein:

1. Der Zeitabstand zwischen beiden Reizen darf höchstens 0,5 bis 1 Sekunde betragen.
2. Die Intensität beider Reize muss ausreichend stark sein, aber die Intensität des zweiten Reizes ist wichtiger. Je intensiver beide Reize sind, desto schneller erfolgt die Verknüpfung.
3. Beide Reize müssen ausreichend häufig gepaart sein.
4. Der erste Reiz muss den zweiten Reiz zuverlässig ankündigen.
5. Die Stärke der Assoziation steigt mit der Häufigkeit der Paarung der Reize und der Zuverlässigkeit, mit der der erste Reiz den zweiten vorhersagt.
6. Eine klassisch konditionierte Reaktion erfolgt unabhängig vom Verhalten und Bewusstsein des Betroffenen.
7. Klassisch konditionierte Verknüpfungen können leicht auf andere, ähnliche Reize übertragen werden, d.h., sie werden leicht generalisiert.

Instrumentelle/operante Konditionierung

Hier kann der Betroffene, je nachdem ob Erfahrungen angenehm oder unangenehm waren, sich gezielt in Zukunft so verhalten, dass angenehme Erfahrungen wiederholt und/oder unangenehme vermieden werden: die Entwicklung des Verhaltens ist abhängig von vorhergehenden Erfahrungen.

Beispiel:
Lumpi sieht, dass Herrchen und Frauchen Brotzeit machen. Es gibt lauter tolle Sachen, er möchte auch etwas davon haben. Er setzt sich daneben und schubst Frauchen mit der Pfote: sie reagiert nicht. Nachdem er das mehrere Male gemacht und sie immer noch nicht reagiert hat (sie schaut ihn auch nicht an oder spricht mit ihm), gibt er auf.

Eine Handlung, die keinen Erfolg hat, wird nicht weiter ausgeführt. In der Evolution hat sich der Grundsatz entwickelt: Energie wird nicht für nutzlose Dinge verschwendet.

Lumpi wechselt seine Strategie: er geht zu Herrchen und stupst ihn an. Herrchen findet sowieso, dass Frauchen viel zu streng ist. Als sie gerade nicht hinschaut, gibt er Lumpi ein Stückchen Käse. Lumpi bleibt ab jetzt beim Essen bei Herrchen und stupst ihn immer mal wieder an: jedes Mal gibt es ein Bröckchen. Lumpi hat gelernt, welches Verhalten zum Erfolg führt.

Gleichzeitig mit dieser instrumentellen Konditionierung läuft auch eine klassische Konditionierung ab: Jedes Mal, wenn Herrchen sich zum Essen hinsetzt, sitzt Lumpi daneben und ihm läuft im Maul soviel Speichel zusammen, dass sich auf dem Fußboden eine kleine Pfütze bildet!

Instrumentelle Konditionierung

Sie unterliegt ebenfalls lerntheoretischen Prinzipien.

- Eine Verknüpfung von Verhalten und Folgen kann nur stattfinden, wenn der zeitliche Abstand zwischen Verhalten und Folge nicht mehr als 0,5 bis 1 Sekunde beträgt.
- Verhalten tritt unausweichlich öfter auf und wird stärker, wenn es angenehme Folgen hat.
- Ein Verhalten tritt seltener auf und wird schwächer, wenn es unangenehme Folgen hat.

Angenehme Folgen:
- **Erfolg**: Das Verhalten führt zum gewünschten Ziel.
- **Belohnung**: Etwas Angenehmes wird zugefügt. Dabei muss die Belohnung in diesem Moment von dem Betroffenen auch als Belohnung empfunden werden!

- Etwas Unangenehmes wird entfernt/hört auf.
- Erwünschtes Verhalten muss gleichzeitig oder sofort im Anschluss belohnt werden.

Unangenehme Folgen:
- Kein Erfolg
- Etwas Angenehmes wird entfernt = wirkt als Strafe.
- Etwas Unangenehmes wird zugefügt = die übliche Form von Strafe.

In der Hundeerziehung werden vor allem Strafen wie ein Leinenruck, ein lautes und unangenehm klingendes Nein, Schimpfen, ein Schütteln am Nackenfell und Schlimmeres eingesetzt. Selbstverständlich unterliegt die Wirksamkeit einer Strafe ebenfalls Regeln, wie durch zahllose Versuche belegt worden ist. Sie ist abhängig vom:

Timing (= dem richtigen Augenblick)
- Die beste Wirkung hat eine Strafe zu Beginn des unerwünschten Verhaltens, damit auch nicht kurzfristig ein Erfolg für das unerwünschte Verhalten eintreten kann;
- beim ersten Auftreten des unerwünschten Verhaltens;
- nicht später als eine Sekunde.

Intensität (= der richtigen Stärke)
- Sie muss stark genug sein, um das unerwünschte Verhalten zuverlässig auf der Stelle abzubrechen. Graduelle Steigerungen führen zu einer Gewöhnung, so dass immer stärkere Strafen erforderlich werden.
- Die optimale Intensität wäre das *Minimum*, das ausreicht, um das Verhalten zu unterdrücken. Dieses Minimum ist abhängig von der Rasse, dem Typ und den individuellen Charaktermerkmalen des Hundes.

Konsequenz
► Das unerwünschte Verhalten sollte jedes Mal, wenn es auftritt, bestraft werden.

Wenn diese Kriterien eingehalten werden (können), erfolgt eine zufriedenstellende Assoziation zwischen unerwünschtem Verhalten und Konsequenz und damit die Unterdrückung dieses Verhaltens.

Das **Zufügen von Strafen** hat jedoch eine Reihe von unangenehmen Nebenwirkungen. So können z.b. unerwünschte Assoziationen mit anderen zufällig vorhandenen oder plötzlich auftauchenden Reizen erfolgen, seien es Geräusche, Personen, Gegenstände oder auch Gerüche. Zu harte Strafen können zu neurotischem Verhalten, zu allgemeiner Unterwerfung sowie gestörtem Sozialverhalten führen. Sie können auch einen generellen Zustand von Angst auslösen, oder Angst vor bestimmten Dingen, z.b. vor Händen. Ganz besonders traurig ist die so genannte erlernte Hilflosigkeit. In diesem Zustand ist das betroffene Lebewesen komplett handlungsunfähig, weil es die Erfahrung gemacht hat, dass eigenes Verhalten keinerlei Einfluss auf die Situation hat. Verantwortlich dafür sind ebenfalls zu harte Strafen, keine Möglichkeit zu fliehen, abwechselnd angenehme oder unangenehme Folgen für dasselbe Verhalten oder Überforderung. Strafen können außerdem, da sie häufig mit Schmerzen verbunden sind, aggressives Verhalten gegen Anwesende, Menschen oder Hunde, auslösen.

Strafen sind zudem zunächst ausnahmslos mit Angst verbunden. Angst wiederum beeinträchtigt die Lernfähigkeit oder kann Lernen sogar völlig unmöglich machen, da die Informationen nicht im Langzeitgedächtnis abgespeichert werden können. In jedem Fall belasten Strafen, es sei denn, sie werden sehr überlegt angewendet, grundsätzlich die Beziehung zwischen Hund und Halter. Daher spricht viel dafür, Hunde lieber über Erfolg, Belohnung und Misserfolg zu erziehen als über Strafen.

Klassische Konditionierung und instrumentelle Konditionierung unterscheiden sich in einigen wichtigen Punkten.

Eine **klassische Konditionierung** erfolgt unabhängig vom Verhalten und Bewusstsein des betreffenden Lebewesens. Das bedeutet, der entsprechende Reiz löst eine Reaktion aus, und der Betroffene kann hier nicht entscheiden und einfach seine Reaktion ändern. Außerdem ist diese Reaktion nicht an den Ort, an dem das Erlebnis stattgefunden hat, gebunden, sondern kann immer vorkommen. Das bedeutet, das Geräusch des Bienensummens löst überall Herzklopfen und Angst aus. Auch eine Generalisierung erfolgt leicht, d.h. die Reaktion kann auf ähnliche Geräusche übertragen werden. Ein Schreckerlebnis mit einem Feuerwerkskörper kann dazu führen, dass der Betroffene immer geräuschempfindlicher wird und auf immer mehr Geräusche mit Angst reagiert.

Die **instrumentelle Konditionierung** dagegen gibt dem betroffenen Individuum die Möglichkeit, durch das eigene Verhalten die Folgen zu bestimmen. Ein Hund lernt also z.b., sich auf ein bestimmtes Signal hinzusetzen, weil er die Erfahrung macht, dass es sich für ihn lohnt: entweder bekommt er etwas Gutes dafür, oder es wird nicht mehr an der Leine geruckt. In jedem Fall hat das Hinsetzen für ihn wünschenswerte Folgen. Er kann durch sein eigenes Verhalten die eigene Zukunft gewissermaßen beeinflussen.

Eine Generalisierung von instrumentell konditioniertem Verhalten erfolgt nur dann, wenn dieses Verhalten in allen möglichen unterschiedlichen Situationen und an ausreichend vielen Orten unter den verschiedensten Bedingungen eingeübt wird. Das bedeutet, ein Hund lernt nur dann, sich zuverlässig immer und überall hinzusetzen, wenn man das auch sozusagen immer und überall geübt hat. Eine amerikanische Hundesportlerin hat das einmal bei ihrer eigenen Arbeit genauer dokumentiert. Sie hat festgestellt, dass die einzelnen Verhaltensweisen zwischen 2.000 und 6.000 Mal an verschiedenen Orten und unter verschiedenen Umständen eingeübt werden mussten, natürlich *unter Einhaltung der lerntheoretischen Prinzipien.*

Die unterschiedliche Art des Lernens bei der klassischen und der instrumentellen Konditionierung ist – von der Evolution aus gesehen – sehr sinnvoll. Wer einmal eine sehr unangenehme, mit

Angst oder Schmerz verbundene Erfahrung gemacht hat, ist besser dran, wenn er derartige, auch nur ähnliche Erfahrungen in der Zukunft meidet. Es ist daher nützlich, wenn alles, was vor einem schlechten Erlebnis warnt, überall ganz schnell dieselbe Angst und damit die Vermeidung/Flucht auslöst. Das steigert die Überlebenschancen für ein Lebewesen umso mehr, wenn diese Reaktion ganz rasch erfolgt. Langes Nachdenken und Entscheiden wäre da nur hinderlich. *Die klassische Konditionierung läuft unabhängig von Verhalten und Bewusstsein des Betroffenen ab.*

Bei der instrumentellen Konditionierung erfolgt eine Verknüpfung von Verhalten und Folge: Handlungen werden wiederholt, weil sie sich gelohnt haben. Auch diese Art des Lernens hat sich entwickelt, weil sie sich in der Evolution als nützlich herausgestellt hat. Es ist ja nicht garantiert, ob dieselbe Handlung an einem anderen Ort denselben Erfolg bringen würde. Erst wenn ausreichend oft die Erfahrung gemacht wurde, dass sich genau dieses Verhalten immer wieder, unabhängig von Ort und Umständen, lohnt, wird es auch zuverlässig immer wieder ausgeführt werden.

Wie schon am Anfang erwähnt, laufen klassische und instrumentelle Konditionierung immer gleichzeitig ab. Ein Hund lernt nicht nur, dass Sitzen sich lohnt, wenn ein Mensch ihn dazu auffordert (instrumentelle Konditionierung). Er verknüpft mit der Lernsituation auch, einfach weil es in diesem Augenblick stattfindet oder zufällig ebenfalls vorhanden ist, die Umgebung, die anwesenden Personen, Gerüche, Körperhaltung des Trainers, und natürlich die in dieser Situation ausgelösten Gefühle wie Angst oder Freude (klassische Konditionierung).

Die Verhaltensentwicklung des Hundes in der menschlichen Familie

Ein Welpe ist meist nicht von Anfang an in seiner neuen Familie, sondern kommt erst etwa im Alter zwischen 8 und 12 Wochen dorthin. Im Vergleich mit Wölfen haben es Hunde dadurch schwerer, den richtigen Umgang mit dem Sozialpartner Mensch zu lernen. Der Welpe muss jetzt seinen Platz in dieser Familie finden und lernen, sich in die Gruppe einzufügen. Es ist jedoch gar nicht einfach für einen jungen Hund, das zu lernen, was für ein geordnetes Zusammenleben mit Menschen erforderlich ist. Die Informationen, die er bekommt, sind außerordentlich verwirrend.

Menschen kommunizieren über Worte, Hunde vor allem über Körpersprache. Informationen darüber, welches Verhalten erwünscht und welches unerwünscht ist, erfolgen in menschlicher Sprache, die Hunde nun einmal nicht verstehen können. Das machen sich die wenigsten Menschen wirklich bewusst.

Da Belohnungen und Strafen nicht im richtigen Augenblick erfolgen, können sie nicht effektiv sein: der Hund kann Verhalten und Folge nicht verknüpfen. Das Erlernen des erwünschten Verhaltens wird erschwert und geht dadurch langsamer vonstatten. Unerwünschtes Verhalten andererseits hat häufig Erfolg. Man belohnt z.B. einen bellenden oder im Garten grabenden Hund schon, wenn man ihn von diesem Verhalten abhalten will und ihm auf diese Weise Aufmerksamkeit schenkt. Dadurch verstärkt man dieses Verhalten unbeabsichtigt.

Entwicklung der Rangordnung

Auch die Entwicklung der Rangordnung beruht darauf, dass die erforderlichen Informationen deutlich und für alle Beteiligten verständlich ausgetauscht werden. Im Lauf der Evolution hat sich her-auskristallisiert, dass häufige und ernsthafte Auseinandersetzun-gen um Ressourcen in einer Gruppe, die zusammenlebt und deren Mitglieder aufeinander angewiesen sind, nicht dienlich sind. Sie können zu Verletzungen Einzelner führen und damit deren Fähig-keiten zur Verteidigung und zur Jagd beeinträchtigen. Das gefähr-det das Überleben der gesamten Gruppe. Also muss der Zugang zu den vorhandenen Gütern auf andere Art geregelt werden. Das geschieht durch die Rangordnung, die den Zugang zu Ressourcen wie Futter, Wasser, Lagerplätzen, Spielzeug und sozialer Zuwen-dung kontrolliert. Natürlich hat jedes Mitglied einer sozialen Grup-pe ein berechtigtes Interesse daran, den bestmöglichen Zugang zu den lebenswichtigen Ressourcen zu haben. Das alles gilt selbstver-ständlich auch für Hunde. Ihnen ist aus diesen Gründen immer noch der Drang angeboren, im Rudel in der Rangordnung aufzu-steigen. Sie verhalten sich „sozial expansiv". Eine funktionierende Rangordnung zwischen Hund und Mensch ist daher auch in der menschlichen Familie wünschenswert: sie dient zur Verminderung von Stress für alle Beteiligten.

Entwicklung der Rangposition in der Familie
Hundewelpen können erst ab dem Zeitpunkt, an dem sie in ihrer neuen Familie leben, die Informationen sammeln, die sie über ihre Position in dieser Familie informieren. Diese Informationen sind sehr widersprüchlich.
Ein neuer Welpe steht fortwährend im Zentrum der Aufmerksam-keit. Es gibt Futter und Zuwendung im Überfluss. Eine Gegenleis-tung im richtigen Augenblick – etwa in Form von angemessenem Verhalten – wird selten gefordert. Falls es schon einen anderen Hund im Haus gibt, wird dieser meist gezwungen, den Neuzu-wachs immer nett zu behandeln. Der neue Familiengenosse be-kommt alles, was er will, wann er will. Das vermittelt ihm einen fal-schen Eindruck von seiner eigenen Wichtigkeit.
Er kann weder rechtzeitig lernen, dass im Leben nicht alles nach seinem Kopf geht, noch, dass es eigentlich die Menschen sind, die

jederzeit Zugang zu allen Ressourcen haben. Insbesondere Welpen, die ohne Mutter mit der Hand aufgezogen werden, sind häufig nicht fähig, mit **Frustration** angemessen umzugehen.

Folgende Dinge informieren einen Hund über seinen Rang:

Ranghoch ist, wer

- als Erster essen darf;
- fressen darf, so lange und so viel er will,
- als erster in/aus der Wohnung geht,
- beim Spazieren vor allen anderen geht,
- als erster Neuankömmlinge (Besuch) begrüßen darf und auch zuerst begrüßt wird,
- Kontakt (z.B. Schmusen, Spiel) beginnt und beendet,
- die besten (meist erhöhten) Lagerplätze beanspruchen darf,
- generell im Zentrum der Aufmerksamkeit steht,
- kurz gesagt, der derjenige ist, der entscheidet, wo's langgeht.

Im Zusammenleben mit Menschen machen Welpen diese Erfahrungen andauernd. Sie müssen sich zwangsläufig für ranghoch halten. Ein Hund, der wie in der Tabelle beschrieben aufwächst, verhält sich entsprechend. Er fordert – häufig unbemerkt und mit Erfolg – seine Rechte ein. So kann ein Hund z.B. durch Anlehnen fordern, dass er gestreichelt wird. Wenn man das dann tut, erfolgt für den Hund die Information: er hat Streicheln gefordert, er hat es bekommen. Er ist ranghoch, weil er das bekommt, was er gefordert hat. Seine Menschen haben dieser Forderung nicht „widersprochen". Im Gegenteil, sie haben ihr sogar sofort Folge geleistet. Damit haben sie, ohne es selbst zu bemerken, seinen Rang anerkannt und sein Verhalten unbeabsichtigt verstärkt. Dasselbe gilt auch für eine Aufforderung zum Spielen, der wir Menschen bei einem Welpen kaum jemals widerstehen können. Ganz stolz wird häufig berichtet: „Mein Hund weiß ganz genau, wann es Zeit zum Fressen ist, dann geht er in die Küche..." Und sein Mensch geht hinterher und füttert brav, wie es von ihm verlangt wird. Die Liste solcher Beispiele ließe sich endlos weiterführen. Aus einer Vielzahl derartiger Ereignisse gewinnen Hunde dann die Information, dass sie den Menschen in ihrer Familie im Rang übergeordnet sind.

Klare Regeln

Andererseits gibt es aber Situationen, in denen das Verhalten von Menschen im Widerspruch zu dieser Information steht. Das heißt, die Menschen verhalten sich nicht so, wie es ihrem eigenen – niederen – Rang entsprechen würde. Sie halten sich also nicht an die Regeln und erscheinen dem Hund dadurch unberechenbar und unzuverlässig. Hunde kommen mit dieser für sie unklaren und unüberschaubaren Situation unterschiedlich gut zurecht. Ausschlaggebend dafür sind die individuellen Eigenschaften eines Hundes. Der Drang, im Rang aufzusteigen, ist außerdem nicht bei jedem Hund gleich stark ausgeprägt. Aber auch die individuellen Eigenschaften des Hundebesitzers haben Bedeutung. Spätestens dann, wenn körperliche Strafen mit ins Spiel kommen, kann die Situation eskalieren. In solchen Augenblicken erscheinen Hundehalter dann für ihre Hunde „unprovoziert aggressiv". Im Extremfall kann das auf einen Hund lebensbedrohlich wirken.

Eine **eindeutige, intakte Rangordnung,** die funktioniert, verhindert Ernstkämpfe weitgehend und ermöglicht ein geordnetes und entspanntes Zusammenleben im Rudel. Das trifft natürlich auch auf das Leben eines Hundes in einer menschlichen Familie zu. Eine klare Rangordnung gibt dem Hund Sicherheit. Hunde brauchen aus diesem Grund von Anfang an klare, unzweideutige und *freundliche* Informationen über ihre Position innerhalb der Hierarchie. Ranghöhe und Autorität gegenüber Hunden muss nicht zwangsläufig durch die Demonstration körperlicher Überlegenheit bewiesen werden. Sie kann sehr leicht in vielen kleinen Handlungen im täglichen Leben mittels einer deutlichen Verwaltung der Ressourcen durch den Menschen gelebt werden. Der Grundgedanke dabei besteht darin, dass der Hund nichts umsonst bekommt, sondern immer etwas dafür erbringen muss. Das muss überhaupt nichts Schweres sein.

Wölfe sind liebevolle Eltern.

Das Maul oder gar der gesamte Kopf wird sanft umfasst – „Schnauzen-zärtlichkeit".

Angemessenes Verhalten des Welpen – Pföteln und Mundwinkel anstupsen oder -lecken – löst beim erwachsenen Hund Duldung aus, sofern er gut sozialisiert ist.

Innerhalb der Familiengruppe werden die richtigen Verhaltensweisen von Anfang an eingeübt. Jeder versteht die körpersprachlichen Signale.

Das Mundwinkelstupsen des Jungtieres ist ein bisschen lästig, wird aber würdevoll akzeptiert.

Mimik und zusammengezogener Körper zeigen deutlich: der Rang des Gegenübers wird in keiner Weise in Frage gestellt. Eine körperliche Auseinandersetzung ist überflüssig. „Ich weiss, Du bist mir überlegen, und ich akzeptiere das".

Eine angemessene Gegenleistung könnte z.B. darin bestehen, dass er sich einfach einen Augenblick lang ruhig hinsetzt oder hinlegt.

Kommunikation

Kommunikation dient dazu, Informationen auszutauschen. Dabei soll durch diesen Austausch das Verhalten wechselseitig beeinflusst und gegebenenfalls verändert werden. Zu diesem Zweck werden von einem Sender einzelne Signale oder eine Kombination aus Signalen an den Empfänger übermittelt. Der Empfänger muss einerseits in der Lage sein, diese Signale zu empfangen, und andererseits, sie auch zu verstehen. Signale haben nur dann die gewünschte Wirkung, wenn beide, Sender und Empfänger, sich über die Bedeutung der Signale einig sind, das heißt, wenn beide sozusagen dieselbe Sprache sprechen. Viele Menschen sind felsenfest davon überzeugt, dass ihr Hund jedes ihrer Worte versteht. Das ist in Wirklichkeit leider nicht der Fall. Dies bedeutet jedoch keinesfalls, dass Hunde ihre Menschen nicht sehr gut verstehen. Sie lernen es, indem sie vom ersten Tag an sehr genau auf ihre Menschen achten. Während wir jedoch der Überzeugung sind, dass wir über die Sprache am meisten über uns preisgeben, orientieren sich Hunde in erster Linie an unserer Körpersprache. Hunde sind Weltmeister im Beobachten. Sie haben ja auch einen großen Teil des Tages nichts Besseres zu tun, als *ihre* Menschen zu beobachten.

Auch Menschen, die nicht dieselbe Sprache sprechen, können miteinander kommunizieren, indem sie auf Dinge zeigen. Das bedeutet jedoch noch lange nicht, dass man die Sprache versteht. Hunden geht es ähnlich. Sie können lernen, einzelne Worte wiederzuerkennen, aber nur mühsam und durch entsprechend viele Wiederholungen. Es ist ihnen jedoch angeboren, sich miteinander neben Lauten, über Mimik (Gesichtsausdruck) und Körpersprache zu verständigen. Daher lernen Hunde viel leichter und besser über die Körpersprache. Für Menschen, die nicht dieselbe Sprache sprechen, ist es nicht leicht, einander zu verstehen. Aber auch dann, wenn man die Sprache des anderen gelernt hat, ist noch ausreichend Platz für Missverständnisse. Selbst Menschen, die von vornherein dieselbe Sprache sprechen, verstehen einander häufig nicht richtig. Wie viel mehr Möglichkeiten bestehen da, eine andere Art nicht richtig zu verstehen oder falsch zu interpretieren. Wir sind außerdem so vertraut mit der Anwesenheit von Hunden in unserer menschlichen Gesellschaft, dass uns kaum bewusst ist, dass wir es mit einer anderen Art, einer anderen Spezies zu tun haben. Wir glauben, wir verstehen Hunde, und erwarten als Selbstverständlichkeit, dass sie uns verstehen.

Missverständnisse

Wir machen uns wenig Gedanken, wie unsere menschliche Körpersprache auf Hunde wirkt. Vieles, was wir ganz entspannt und ohne böse Absicht tun, empfinden Hunde als bedrohlich. Schon allein unsere Größe verursacht Beunruhigung. Wenn man einen Hund direkt anschaut, womöglich sogar anstarrt, sich dicht an ihn stellt, wenn man frontal vor ihm steht oder sich gar über ihn beugt, ihn im Bereich von Schulter und Rücken anfasst oder umarmt und gar festhält, sind das alles körpersprachliche Bedrohungen. Wir empfinden das interessanterweise häufig genauso, wenn andere Menschen sich uns gegenüber in dieser Weise verhalten. Menschen, die in einem Aufzug eng beieinander stehen müssen, vermeiden z.B. den direkten Blickkontakt, außer wenn sie sich sehr gut kennen.

Das Wort „**Konfrontation**", die Bezeichnung für eine Auseinandersetzung, führt deutlich die dazu gehörige Körpersprache vor Augen: man steht sich frontal gegenüber. Aber es ist nicht nur so, dass die *menschliche* Körpersprache für Hunde etwas signalisieren kann, was wir gar nicht beabsichtigen. Auch umgekehrt kommt es zu Missverständnissen. Viele körpersprachliche Signale von Hunden werden von Menschen falsch verstanden oder überhaupt nicht wahrgenommen.

Menschen halten z.B. einen Hund für schuldbewusst, wenn er mit eingezogenem Schwanz, zur Seite gewandtem Kopf, abgewendetem

Blick und angelegten Ohren geduckt vor ihnen steht. Sie unterstellen ihm, er wisse, dass er etwas getan hat, obwohl er es besser weiß – also hat er eine Strafe verdient. In Wirklichkeit ist diese Körperhaltung jedoch angeboren, und bewirkt bei anderen Hunden eine Beschwichtigung von aggressivem Verhalten. Sie bedeutet anderen Hunden gegenüber: „Bitte tu mir nichts!" Bei Menschen führt sie dagegen häufig zum Gegenteil: Ein Hund, der etwas tut, obwohl er es besser weiß, hat eine Strafe verdient. Ein trauriges Missverständnis. Die angeborene Körperhaltung, die bedeutet, „bitte tu mir nichts, ich habe Angst" – wird von Menschen nicht verstanden.

Auch die Übertragung von menschlichen Motiven auf Hunde birgt für Hunde oft Nachteile, da mit dieser **Vermenschlichung** unausweichlich eine Wertung des Verhaltens einhergeht. So wird einem Hund häufig unterstellt, dass er nicht gehorcht, um seinen Halter zu ärgern. „Er weiß es genau, aber er tut es extra nicht", heißt es dann. Das ärgert und wird meist bestraft. Wenn man jedoch bedenkt, wie oft etwas geübt werden muss, und wie dieses Üben ausschauen muss, damit Lernen überhaupt stattfinden kann, dann wird deutlich, dass dem Hund unrecht getan wird. Er hatte nie die Gelegenheit, ausreichend oft an ausreichend verschiedenen Orten zu üben. Er kann das Geforderte überhaupt nicht leisten.

Vereinfachungen lassen ebenfalls viel Raum für Fehler. In diese Kategorie gehört beispielsweise die landläufige Meinung, dass ein schwanzwedelnder Hund freundlich sei. Schwanzwedeln allein bedeutet zunächst aber nur, dass dieser Hund handlungsbereit ist, ob in freundlicher oder unfreundlicher Absicht bleibt erst einmal dahingestellt.

Ausdrucksverhalten

Zwischen Gefühlszustand und Verhalten besteht bei Hunden wie bei Menschen ein angeborener Zusammenhang. Ein Hund kann also aufgrund von Gesichtsausdruck, Körperhaltung und Bewegungsabläufen wahrnehmen, wie sich ein Artgenosse fühlt. Allerdings haben sich die Ausdrucksmöglichkeiten von Hunden im Vergleich zum Wolf im Lauf der Domestikation und durch die Zuchtauslese des Menschen verringert. Bei Wölfen hat man im Bereich des Kopfes 11 Ausdruckszonen mit jeweils 2–13 verschiedenen Signalmöglichkeiten festgestellt. Erwachsene Wölfe verfügen damit über 60 verschiedene Mienen, die für andere Wölfe Signalfunktion haben, d.h. etwas ganz Bestimmtes ausdrücken und damit für andere Wölfe etwas bedeuten.

Zuchteinfluss

Das durch Zucht unterschiedlich gestaltete Aussehen der verschiedenen Hunderassen beeinflusst die Verständigungsmöglichkeiten von Hunden miteinander. Aufgrund dessen existieren manche Ausdrucksmöglichkeiten gar nicht mehr. Mimik und Körpersprache werden durch hängende Ohren, durch Haare, die die Augen verdecken, durch kurze Schnauzen, faltenreiche Gesichter sowie steil gestellte Gelenke oder Ringelschwänze beeinträchtigt. Außerdem erfordert das Zusammenleben mit dem Menschen keine so fein abgestufte Kommunikation. Deswegen wurde bei der Zucht darauf auch nicht besonders geachtet.

Zwergpudel können z.B. nur 14 verschiedene „Gesichter" zeigen. Schäferhunde besitzen zwar eine wolfähnliche Kopf- und Gesichtsstruktur, haben aber sogar nur 11 mögliche Gesamtausdrücke. Der Alaskan Malamute dagegen verfügt über 43, möglicherweise, weil diese Hunde häufig noch in engem Kontakt mit Artgenossen leben und arbeiten müssen. Malamutes, die nicht miteinander auskommen können, ohne sich dauernd in die Haare zu bekommen, verschwenden dadurch viel Energie. Wenn dazu noch Verletzungen kommen, schränkt das die Leistungsfähigkeit ein. Hier wird die Fähigkeit zur Kommunikation wieder im täglichen Umgang mit Artgenossen zum überlebenswichtigen Faktor.

Einerseits sind also die Fähigkeiten zur Kommunikation im Vergleich zum Wolf drastisch vermindert, andererseits ist auch das rassebedingte unterschiedliche Aussehen gewöhnungsbedürftig. Daher müssen Hunde, um angemessen miteinander umgehen zu können, Erfahrungen mit Mimik und Körpersprache anderer Rassen sammeln. Nur dann können sie sozial kompetent werden, und nur wer sozial kompetent ist, kann angemessen kommunizieren und Missverständnisse vermeiden.

Beurteilung von Verhalten

Um als Mensch entsprechende Rückschlüsse über den Zustand eines Hundes ziehen zu können, muss man gute Kenntnisse über Gestik, Mimik, Körperhaltung, Blickkontakte sowie Lautäußerungen bei Hunden besitzen. Selbst wenn man sehr gut beobachtet, können sich Gefühle und die damit verbundenen körperlichen Signale bei Hunden so schnell ändern, dass die menschliche Wahrnehmungs- und Reaktionsfähigkeit überfordert ist.

Aus diesem Grund haben sich mittlerweile bei den so genannten Wesenstests, bei denen aggressives Verhalten bei Hunden beurteilt werden soll, Videoaufnahmen als sehr sinnvoll erwiesen. Damit können Verhaltensabläufe überprüft und belegt werden. Gesichtsausdruck, Körperhaltung, Bewegungsabläufe und Lautäußerungen zusammen ergeben ein Gesamtbild, ein so genanntes Display. Dies vermittelt Informationen über die Gefühle eines Hundes, seine Motivation und seine Handlungsbereitschaft. Alles zusammen bewirkt beim Gegenüber bestimmte Reaktionen und Verhaltensweisen. Eine zuverlässige Beurteilung und Einordnung des Verhaltens kann letztendlich nur aufgrund der *Gesamtheit aller Signalanteile* erfolgen.

Selbstsicherheit

Selbstsicherheit ist in erster Linie durch die rassetypische entspannte Körperhaltung und entspannte Aufmerksamkeit gekennzeichnet. Es besteht sozusagen eine „neutrale" Bereitschaft zur
Interaktion mit der Umwelt.

*Selbstsicher
und entspannt*

Imponieren

Häufig wird dieses Verhalten gezeigt, wenn sich zwei Rüden begegnen. Dabei sind Körperhaltung und Kopf hochaufgerichtet, die
Ohren aufmerksam nach vorn orientiert und der Schwanz mehr
oder weniger hoch gestellt. Die gesamte Körperhaltung ist versam-
melt, Bewegungen verlaufen gezielt und langsam. Weil die Gelenke durchgestreckt werden, wirken die Tiere größer. Sie gehen steif-
beinig aufeinander zu und versuchen sich gegenseitig im Bereich

der Schnauze und im Anogenitalbereich zu beschnüffeln. Das
führt dazu, dass sie sich umkreisen. Auch Aufreiten kann in diesem
Zusammenhang erfolgen. Blickkontakte werden vermieden. Auch
Markieren, also Urinabsatz an besonders auffallenden Stellen,
sowie Scharren nach dem Kot- oder Urinabsatz gehört zum Imponieren.

Imponieren

Bestimmte Bewegungssequenzen sollen das Gegenüber beeindrucken. Dazu gehören parallele Körperstellungen und Auflegen von
Kopf oder Pfote im Schulter- oder Rückenbereich. Sehr häufig wird
auch versucht, sich quer vor den anderen zu stellen und ihn dadurch
gleichsam in seiner Bewegungsfreiheit einzuschränken. Diese Stellung wird als T-Sequenz bezeichnet, weil durch beide Hunde ein T
gebildet wird, mit dem Dominanteren in der Querbalkenposition.

Drohen

Imponieren kann in Drohen übergehen. Während Imponiergehabe auch ohne Gegenüber ablaufen kann, z.B. Scharren, ist Drohen immer auf ein Gegenüber gerichtet. Kennzeichnend ist dabei Anstarren, so genanntes Drohfixieren.

In vielen Fällen kann ein Hund allein durch Anstarren bei einem anderen Hund das gewünschte Verhalten auslösen, z.B., dass ihm dieser Platz macht. Menschen nehmen das häufig überhaupt nicht wahr. Drohstarren zeigt die Bereitschaft zur Konfrontation an. Das Gesicht ist angespannt, die Ohren nach vorn gerichtet, der Nasenrücken kann in unterschiedlichem Ausmaß gerunzelt sein. Die Zähne werden gezeigt, dabei sind die Mundwinkel kurz und rund. Die Körperhaltung ist hoch aufgerichtet, die Beine gerade und durchgedrückt. Der Schwanz wird hoch getragen und häufig in Richtung des Gegners gestellt. Körper und Schwanz können sozusagen eine Einheit bilden und sich dem potentiellen Gegner als Gesamtheit in den Weg stellen. Das Fell sträubt sich im Nackenbereich und/oder auf der Kruppe. Lautäußerungen wie Knurren, Bellen oder Knurrbellen treten auf.

Offensiver Angriff

Bei einem Angriff erfolgt durch Öffnen des Mauls die Vorbereitung zum Zubeißen. Vorwärtsbewegung, Körperkontakt, Schnappen und schließlich Beißen mit Beschädigung folgen. Das zugrundeliegende Gefühl ist Wut (offensive Aggression). Ein Angriff kann sich aus einer Imponiersituation entwickeln, aber auch überfallartig, nach kurzem Drohfixieren, vonstatten gehen.

Unsicherheit, Ängstlichkeit, Angst

Insgesamt ist das Display bei Unsicherheit, Ängstlichkeit und Angst genau dem entgegengesetzt, das bei Selbstsicherheit, Imponieren und Drohen gezeigt wird. Der Körper ist in unterschiedlichem Ausmaß zusammengezogen, „verkleinert", die Beine eingeknickt, der Schwanz eingezogen oder sogar unter den Bauch geklemmt. Blickkontakt wird vermieden, der Kopf abgewendet.

Die gesamte **Gesichtsmuskulatur** erscheint besonders im Bereich von Augen und Lefzen angespannt (Stressgesicht). Bei zunehmender Intensität werden die Maulwinkel immer weiter nach hinten gezogen und bilden einen spitzen Winkel. Die Ohren werden unterschiedlich stark angelegt, die Pupillen sind erweitert, das Weiße in den Augen kann sichtbar sein.

Unsicherheit kann Unterordnungssignale und Beschwichtigungsgesten, so genannte **Calming Signals**, zur Folge haben. Diese bezwecken eine Entspannung der Situation. Sie sollen auf der Gegenseite aggressives Verhalten mindern. In diesen Bereich gehört z.b. kurz über die eigene Oberlippe lecken, Gähnen, Wegschauen, den Kopf und den Blick leicht abwenden, das Einnehmen einer etwas seitlich abgewendeten Körperhaltung, am Boden schnüffeln, das Vermeiden einer frontalen Körperstellung.

Aktive und passive Unterordnung

Man unterscheidet aktive und passive Unterordnung. Passiv wäre z.b. auf dem Boden kauern, sich mehr oder weniger auf den Rücken legen und im Extremfall bewegungsloses Liegenbleiben, wobei ein bisschen Urin abgesondert werden kann. Bei der aktiven Unterordnung wird das Gegenüber z.t. richtig aufdringlich mit der Schnauze im Mundwinkelbereich angestupst oder beleckt. Eine Vorderpfote heben oder mit der Pfote angestupst werden (Pföteln) gehört ebenfalls zu diesen Verhaltensweisen, die aus dem kindlichen Verhaltensrepertoire stammen und bei der Mutter ursprünglich „Pflegeverhalten" auslösen.

Angst und Unsicherheit können aber auch Verteidigungsbereitschaft, sozusagen „Notwehr" auslösen. Dieses defensive Verhalten beinhaltet Nase runzeln, Zähne zeigen und Knurren, wird aber gleichzeitig von den für Unsicherheit typischen mimischen und körpersprachlichen Signalen begleitet.

Im Extremfall kann dabei das Maul weit aufgerissen sein: alle Waffen werden präsentiert. Schnappen erfolgt allerdings ohne Vorwärtsbewegung. Das alles soll das Gegenüber auf Abstand halten, zeigt aber die Bereitschaft zur „Notwehr" an.

Demütige Annähe-rung an ein erwachse-nes Tier mit den ange-messenen Signalen – Lecken über die Ober-lippe, Einknicken in den Gelenken – sor-gen für den richtigen Empfang.

Die Intensität der körperlichen Signale entspricht der Intensität der Gefühle. Diese können sich von einem Augenblick zum nächsten ändern: Es kann zu einem völligen Umschwung kommen, auch zwiespältige Gefühle sind möglich. Manchmal zeigt sich das nur für Bruchteile von Sekunden in der Körpersprache.

So signalisiert ein selbstsicherer Hund in seiner Körpersprache, dass er bereit ist nach vorn zu gehen, indem der ganze Körper nach vorn strebt. Ein unsicherer Hund tut das Gegenteil: der gesamte Körper lehnt sich nach hinten – weg von dem, was der Hund als bedrohlich empfindet. Beides kann bei zwiespältigen Gefühlen gleichzeitig sichtbar werden: die Hinterbeine drängen nach vorn, während die Vorderbeine offensichtlich bremsen, so dass der ganze Hund förmlich zusammengeschoben erscheint.

Ein an sich unsicherer und ängstlicher Hund, der mit aggressivem Verhalten Erfolg gehabt hat, kann zudem lernen, Mimik und Kör-perhaltung eines selbstsicheren Hundes zu zeigen. Er zeigt ein offensiv aggressives Display, obwohl sein Verhalten immer noch durch Angst ausgelöst wird. Die unsichere Grundhaltung wird dann möglicherweise nur in kurzen Momenten sichtbar.

Aggressives Verhalten

Über aggressives Verhalten bei Hunden gibt es weltweit auch unter Fachleuten verschiedene Meinungen. In den USA wird aggressives Verhalten bei Hunden als angemessen im Gegensatz zu unangemessen gesehen. Es wird sozusagen einerseits danach bewertet, ob es von einem menschlichen Standpunkt aus ethisch nachvollziehbar ist. So wäre z.b. angemessen, wenn ein Hund einen fremden Mann beißt, der Frauchen im Park angreift. Unangemessen wäre es dagegen, einen Fremden zu beißen, der Frauchen im Park oder an der Wohnungstür plötzlich umarmt. Auch eine Unterteilung in normal im Gegensatz zu abnorm im Sinn von pathologisch, also krank, findet in den USA statt. Dabei wird die Ursache für aggressives Verhalten in erster Linie in einer Störung der Botenstoffe im Gehirn, der Neurotransmitter, gesehen.

In Europa betrachtet man aggressives Verhalten bei Hunden als normal und artgemäß. Allerdings wird es in manchen Fällen als unerwünscht oder gar gefährlich eingestuft. Das schließt die Möglichkeit organischer Veränderungen, Erkrankungen, als Ursache für aggressives Verhalten jedoch keinesfalls aus.

Wozu dient aggressives Verhalten?

Die Evolution hat allen Lebewesen ein Hauptziel gegeben: Die eigenen Gene müssen an die nächste Generation weitergegeben werden. Es ist also angeboren, für das eigene Überleben zu sorgen. Dazu müssen Tiere sich selbst schützen und gegen alle möglichen Gefahren verteidigen können. Dabei erfolgt eine so genannte Kosten/Nutzenrechnung: mit möglichst geringem Risiko soll der Bedarf an allem Lebensnotwendigen so gut wie möglich gedeckt und Schaden soweit möglich vermieden werden. Das Ziel besteht darin, möglichst viele Nachkommen hervorzubringen. Je mehr eigene Nachkommen ein Tier in der nächsten Generation hat, desto größer ist seine so genannte „**individuelle Fitness**". Dieses Ziel kann nur dann erreicht werden, wenn alles, was zum Leben gebraucht wird, die so genannten Ressourcen, vorhanden ist. Es muss ein Territorium zur Verfügung stehen, das ausreichend Wasser und Futter sowie geeignete Lagerplätze bietet. Weiterhin muss ein Tier einen geeigneten Fortpflanzungspartner finden und selbst einen funktionierenden, möglichst unversehrten Körper haben. Ressourcen müssen erworben und gegen Konkurrenten und/oder Feinde verteidigt werden. Die Fähigkeit, Ressourcen zu erwerben und zu verteidigen, bezeichnet man als „**Ressource Holding Potential**" (RHP). Diese Fähigkeit ist vom körperlichen und geistigen Zustand sowie vom Alter abhängig. Ein Lebewesen, das fähig ist, viele Ressourcen an sich zu binden, besitzt ein hohes RHP. Wer jederzeit Zugang zu allem hat, was er zum Leben braucht, hat bessere Möglichkeiten, für das eigene Überleben und das seiner Nachkommen zu sorgen. In einer sozialen Gemeinschaft bedeutet ein hohes RHP einen hohen Rang innerhalb der Hierarchie.

Die Energie, die ein Lebewesen darauf verwendet, eine Ressource zu erwerben oder zu verteidigen, hängt davon ab, wie wichtig und wie leicht verfügbar sie ist. Daraus ergibt sich die Motivation, d.h. wie viel ein Tier bereit ist, für diese Ressource einzusetzen. Das wiederum wird über Verhalten und Körpersprache mitgeteilt.

Wozu dienen Gefühle?

In der Evolution wurde die Fähigkeit, sich um die eigenen Bedürfnisse zu kümmern, durch Gefühle sichergestellt. Es ist einem Lebewesen also angeboren, nach den zum Leben erforderlichen Dingen zu suchen. Es wird als angenehm empfunden, wenn bestehende Bedürfnisse erfüllt, wenn Hunger und Durst gestillt werden oder ein trockener Unterschlupf gefunden ist. Die Befriedigung eines Bedürfnisses löst ein angenehmes Gefühl aus. Dieses Gefühl von Freude ist letztendlich die Belohnung für eine erfolgreiche „Suche". Während angenehme Gefühle eine Belohnung darstellen und dafür sorgen, dass ein Verhalten wiederholt wird, verursachen unangenehme Gefühle das Gegenteil. Ein bestimmtes Verhalten und/oder eine bestimmte Situation, mit denen unangenehme Gefühle verbunden sind, werden in Zukunft wenn möglich vermieden oder geändert. Die entsprechende Reaktion wird um so stärker sein, je unangenehmer das entsprechende Gefühl war. So dienen Angst und Schmerz dem Überleben als nützliche Warnsignale. Aber auch wenn Bedürfnisse nicht erfüllt werden können, wenn der Versuch, sie zu befriedigen, verhindert oder unterbrochen wird, entstehen Gefühle. Ärger und Wut, ausgelöst durch Frustration, können schlagartig Energie freisetzen, um so die eigenen Ziele letztendlich doch noch durchzusetzen.

Ein Lebewesen, das sich in seiner augenblicklichen Lebenssituation beeinträchtigt fühlt, befindet sich in einem Konflikt mit seiner Umwelt. Ein solcher Konflikt erzeugt mehr oder weniger starke Gefühle von Wut, Frustration, Schmerz und Angst. Dabei ist nicht ausschlaggebend, ob diese Beeinträchtigung für einen außenstehenden Beobachter nachvollziehbar ist, d.h. tatsächlich existiert. *Allein die Wahrnehmung des Betroffenen bildet die Grundlage für die entstehenden Gefühle.*

Gefühle wie **Wut, Frustration, Schmerz** und **Angst** bewirken also das Bestreben zu einer Änderung, weil jedes Lebewesen grundsätzlich versucht, für sich selbst die bestmögliche Situation herzustellen. Der eigene Zustand soll optimiert werden. Der Konflikt zwischen Tier und Umwelt soll aufgelöst, die (empfundene) Störung entfernt bzw. beendet werden. Dazu besteht einerseits die Möglichkeit, sich selbst aus einer unangenehmen Situation zurückzuziehen, andererseits kann man versuchen, die Störung zu vertreiben.

Die Verhaltensweisen, die sich im Lauf der Evolution als erfolgreich erwiesen haben, sind in das Verhaltensrepertoire aufgenommen und fest eingebaut, programmiert, worden. Alle diese Verhaltensweisen dienen dazu, den Abstand zu als bedrohlich empfundenen Gegenständen oder Lebewesen zu vergrößern. Sie werden unter dem Begriff agonistisches Verhalten zusammengefasst.

Agonistisches Verhalten

Agonistisches Verhalten umfasst die Verhaltensweisen Erstarren, Flüchten, Drohen und Angreifen sowie so genannte Übersprungshandlungen. Von diesen möglichen Verhaltensweisen wird diejenige ausgeführt, die den meisten Erfolg verspricht. Es wäre aber in einer bedrohlichen, angsterregenden Situation unter Umständen tödlich, lange zu fackeln und über mögliche Reaktionen nachzudenken. Daher arbeiten die Systeme Wahrnehmung, Körperfunktionen und Verhalten zusammen und die art- und angstspezifischen körperlichen Reaktionen und Verhaltensweisen werden automatisch ausgelöst. Sie erfolgen *blitzschnell und ohne zu überlegen*: ein **Reflex**.

Im englischen Sprachraum werden agonistische Verhaltensweisen kurz und bündig als die „**4 Fs**" bezeichnet:
Fight   = Kampf
Flight = Flucht
Freeze = Erstarren
Flirt   = Übersprungshandlung

Erstarren: Dies kann erfolgreich sein, wenn die Bedrohung weit weg oder unausweichlich ist. In dieser Lage wird bewegungslos verharrt und abgewartet, bis die Gefahr vorüber ist. Feldhasen drücken sich z.b. bewegungslos auf den Boden, bis man vorübergegangen ist. Ein Vogel kann sich regungslos auf dem Boden ducken, um einem überfliegenden Raubvogel nicht aufzufallen. Bei Hunden bleibt der Unterlegene wie erstarrt liegen, bis sich der ihn bedrohende Hund zurückzieht, und steht erst dann wieder auf.
Flüchten: Durch Weglaufen kann man einer Bedrohung, die nah ist, entkommen.
Drohen und Angreifen: Dies bezweckt, die Bedrohung zu verjagen. Wenn dazu Drohen allein ausreicht, ist das natürlich besser. Erstens braucht man dazu weniger Energie, und zweitens führt

Drohen allein nicht zu Verletzungen. Wenn allerdings Drohen nicht ausreicht, kommt es zum Angriff. Der Konflikt kann bei Artgenossen durch deutliche Signale der Unterordnung, generell durch Rückzug, und/oder Flucht oder gegebenenfalls durch den Tod eines der Beteiligten beendet werden.

Übersprungshandlungen: Eine weitere Möglichkeit besteht darin, in einer bedrohlichen Situation Verhaltensweisen zu zeigen, die entschärfend wirken sollen. Derartige Verhaltensweisen müssen aber von demjenigen, an den sie gerichtet sind, auch verstanden werden. Das gilt normalerweise nur für Artgenossen. So kann z.B. ein Hund in einer bedrohlichen Situation plötzlich mit einer Spielaufforderung reagieren, so die Lage entspannen und sein Gegenüber gewissermaßen entwaffnen. Da solche Verhaltensweisen auf den ersten Blick gar nicht in die Situation zu passen scheinen, hat man sie als Übersprungshandlungen bezeichnet.

Agonistische Verhaltensweisen sind angeboren und artspezifisch. Das bedeutet, jede Tierart hat ihre eigenen, angeborenen Verhaltensweisen. Eine Katze kann nicht beschließen, wie ein Hund oder ein Pferd zu kämpfen. Flucht und Kampf sehen bei einem Vogel anders aus als bei einem Hund.

Eine Spielaufforderung kann eine kritische Situation entschärfen.

Jack und Jennifer: auf den ersten Blick ein vergnügtes Gespann. Erst bei genauerem Hinsehen fallen bei beiden die angespannten Gesichtszüge auf, besonders im Mundbereich ist die Muskulatur angespannt: Beide haben ein Stressgesicht.

Sicheres Drohen bei Luca – wen meint er damit?

Ein Schwein. Luca ist mit Schweinen sozialisiert, aber dieses Schwein ist gerade auf dem Weg in „sein" Haus. Luca signalisiert „ Kein Durchgang!"

Unsicheres Drohen gegenüber einem Rind – mit Rindern ist Luca nicht sozialisiert. Ein Hund kann sich auch gegenüber fremden Arten – seien das andere Haustiere oder Menschen – immer nur wie ein Hund verhalten.

Wann und warum tritt aggressives Verhalten auf?

Aggressives Verhalten zielt darauf ab, eine Bedrohung, einen Konkurrenten oder einen Feind auf Distanz zu halten, zum Rückzug zu bewegen oder zu vernichten. Es soll eine räumlich-zeitliche Distanz mit der Absicht hergestellt werden, die eigenen Interessen bei einem Konflikt um lebenswichtige Dinge durchzusetzen. Damit dient aggressives Verhalten dem Überleben und dem Schutz des eigenen Lebens. Jeder Hund besitzt die Fähigkeit dazu. Aggressives Verhalten gehört zum artspezifischen Verhaltensrepertoire des Hundes und ist zunächst normal. Es ist eigentlich wie bei Menschen: „Auch nette Menschen streiten."

Es ist Hunden angeboren, aggressives Verhalten einzusetzen, um ihnen wichtig erscheinende Ressourcen zu erwerben oder in Besitz zu behalten: z.b. Futter, einen interessanten Gegenstand oder ein geliebtes Spielzeug. Auch der eigene Körper könnte im weitesten Sinn als Ressource betrachtet werden.

Mit zunehmender Reife nimmt das Territorialverhalten zu. Alles, was mit der Fortpflanzung zu tun hat, wird wichtig. Es entsteht sozusagen ein Wettbewerb. Bedingt durch die Wirkung von Geschlechtshormonen entsteht natürlich Rivalität zwischen gleichgeschlechtlichen Hunden. Bei Rüden wird vermehrt das männliche Geschlechtshormon Testosteron produziert und führt zu gesteigerter Aggressionsbereitschaft. Hündinnen können untereinander insbesondere während der Läufigkeit unverträglich sein. In manchen Fällen setzt das schon mehrere Wochen vorher ein und hält noch einige Zeit nach der Läufigkeit an. Beim Führen von Welpen kann bei Hündinnen ebenfalls eine verstärkte Aggressionsbereitschaft auftreten.

Auch Angst kann aggressives Verhalten auslösen. Für Angst können schlechte Erfahrungen verantwortlich sein, so z.b. ein Erlebnis, das mit Schmerzen, einem Schreck oder mit Verletzungen verbunden war. Häufiger ist die Ursache für Angst in einem Mangel an Erfahrungen begründet und beruht damit auf unzureichender Sozialisation.

Ursächlich für aggressives Verhalten können weiterhin organische Ursachen, wie Stoffwechselerkrankungen, Gehirnveränderungen und hormonelle Störungen sein. Das gilt für Infektionskrankheiten wie z. B. Tollwut, aber auch für Lebererkrankungen, Gehirntumore, eine Unterfunktion der Schilddrüse und vieles mehr. Es deutet auf organische Ursachen hin, wenn aggressives Verhalten sehr überraschend und intensiv auftritt und unmotiviert erscheint.

Chronische Schmerzen wie auch verminderte Sehfähigkeit können die Bereitschaft zu aggressivem Verhalten steigern. Plötzlicher Schmerz und Schock lösen schlagartig aggressive Reaktionen aus. Besonders bezeichnend ist dabei, dass die Reaktion ohne vorherige Warnung und in voller Stärke erfolgt: sie läuft als Reflex ab.

Aggressives Verhalten ist im Allgemeinen gegen den oder das gerichtet, was als Störung, als Beeinträchtigung empfunden wird. Diese Störung soll entfernt werden. Wenn es jedoch keinen Zugang zu dem Verursacher gibt, kann das Verhalten sich gegen einen in der unmittelbaren Nähe befindlichen Unbeteiligten richten. Das wird als umgerichtete Aggression bezeichnet.

Außerdem kann ein Hund aggressiv reagieren, wenn er etwas Bestimmtes tun möchte und dabei unterbrochen oder von vornherein daran gehindert wird. Auch bei Menschen ist eine derartige aggressive Reaktion aus Frustration bekannt.

Gründe für aggressives Verhalten

1. In Verbindung mit Erwerb und Verteidigung von Ressourcen
   - Erwerb und/oder Verteidigung einzelner Objekte.
   - Territorium
   - Im Zusammenhang mit der Fortpflanzung, also hormonbedingt.
   Zwischen Hündinnen: im Wettbewerb um die Fortpflanzungsmöglichkeiten, auch den Fortpflanzungspartner, zum Schutz der Welpen.

Zwischen Rüden: aufgrund männlicher Geschlechtshormone, im Wettbewerb um Fortpflanzungspartner.
▶ Um die Unversehrtheit des Körpers zu erhalten.

2. Frustration
▶ Wenn eine beabsichtigte Handlung unterbrochen oder verhindert wird.

3. Angstbedingt
▶ Durch schlechte Erfahrungen.
▶ Durch einen Mangel an Erfahrung.
▶ Aus Angst um die Unversehrtheit des eigenen Körpers.

4. Organische Ursachen
▶ Erkrankungen, die durch Gehirnveränderungen zu verändertem Verhalten führen.
▶ Chronische Schmerzen
▶ Behinderungen, durch Schmerz oder Schock ausgelöst.
▶ Stoffwechselveränderungen

Konflikte lösen ohne Ernstkampf

Es gibt eine Vielzahl von möglichen Gründen für aggressives Verhalten. Ob es letztendlich wirklich dazu kommt, richtet sich nach dem Zusammentreffen einer Reihe verschiedener Faktoren und ist abhängig von:

▶ den angeborenen Eigenschaften;
▶ den Erfahrungen während der ersten Lebenswochen, also Sozialisation und Habituation;
▶ den täglichen Erfahrungen während des gesamten Lebens, ob sie nun zufällig oder im Rahmen der Erziehung erfolgt sind;
▶ dem körperlichen Zustand;
▶ der gesamten Situation, in der es zu aggressivem Verhalten kommt.

Es ist allerdings letzten Endes für alle Beteiligten besser, wenn Konflikte ohne Ernstkampf gelöst werden können. Verletzungen und unnötige Energieverschwendung werden so weitgehend vermieden, auch für den Gewinner.

Daher folgt aggressives Verhalten bestimmten Regeln, die sich im Lauf der Evolution bei der Entwicklung von Wölfen und Hunden als sinnvoll erwiesen haben. Ritualisiertes Aggressionsverhalten und erfolgreiche Kommunikation minimieren das Risiko von ernsthaften Verletzungen. Das Grundverständnis für die Signale, die das ermöglichen, ist Wölfen und Hunden angeboren. Das angemessene Verhalten wird während der Sozialisation im täglichen Leben wieder und wieder eingeübt. Ernstkämpfe werden dadurch, soweit möglich, verhütet, es sei denn, organische Schäden verhindern eine angemessene Interaktion.

Woran erkennen wir aggressives Verhalten beim Hund?

Aggressives Verhalten beinhaltet Ernstkampf und aggressive Kommunikation, also Drohverhalten. Hunde können durchaus über einen längeren Zeitraum Signale austauschen, die für Menschen unauffällig sind oder aber nicht als das erkannt werden, was sie sind: Anzeichen für einen schwelenden Konflikt und eine drohende Auseinandersetzung.

Bei einem bestehenden Konflikt werden also zunächst einmal Informationen ausgetauscht. Das gilt für Hunde, die sich zum ersten Mal treffen, ebenso wie für solche, die sich kennen oder gar zusammenleben. Die Beteiligten schätzen einander genau ab. Die Bereitschaft zu aggressivem Verhalten wird über **Ausdrucksverhalten**, durch eine Reihe optischer und akustischer Signale gezeigt. Diese Signale können Verteidigungsbereitschaft (defensiv), oder aber Angriffsbereitschaft (offensiv) anzeigen.

Gesicht und Körperhaltung vermitteln Informationen darüber, wie selbstsicher sich jedes der Tiere in einer derartigen Situation fühlt. Hunde, die sich gut kennen, haben aus unzähligen vorhergehenden Erlebnissen Informationen über ihr Gegenüber gesammelt.

Hunde, die sich zum ersten Mal treffen, versuchen durch **Imponierverhalten** ihre Körpergröße und Körperkraft hervorzuheben. Mimik, Gestik, Körpersprache und Lautäußerungen zeigen an, inwieweit die Kontrahenten zu einer Auseinandersetzung bereit sind. In einer solch anfänglichen Phase der Abschätzung schreiten die Hunde aufgerichtet umeinander herum. Kurze Blickkontakte können stattfinden, jeder versucht, möglichst viele Informationen zu gewinnen und gleichzeitig den anderen zu übertrumpfen. Neben der Körperhaltung sind, wie weiter vorn beschrieben, auch die Positionen, die Hunde dabei zueinander einnehmen, von Bedeutung. Das Ganze kann sich unterschiedlich weiterentwickeln. Nach anfänglicher Abschätzung kann ein gegenseitiges Inspizieren mit Beschnüffeln der Anal- und Genitalregion erfolgen. Dann trennt man sich – sozusagen in gegenseitigem Einvernehmen – und jeder geht seiner Wege.

Auch eine **Spielsequenz** kann sich aus einer derartigen Situation entwickeln. Einige Verhaltensweisen sind typisch für Spielen, aber insgesamt ist Spielverhalten dadurch gekennzeichnet, dass Verhaltenselemente aus allen Bereichen ganz ungeordnet auftauchen können. Dabei können Jagd- oder Kampfsequenzen eingebaut sein. Beim Spielen werden aber, im Gegensatz zum Ernstfall, die Verhaltensweisen übertrieben. Man sollte sich jedoch darüber im Klaren sein, dass auch im Spiel ein Messen der Kräfte stattfindet. Außerdem kann eine Spielsituation durch Frustration oder das Auftauchen einer wichtigen Ressource plötzlich umkippen.

Das anfängliche Imponiergehabe kann sich bei Rüden zu einem so genannten **Kommentkampf** entwickeln. Das könnte man mit einem Ritterturnier vergleichen. Dabei werden die Kräfte gemessen, aber es ist nicht geplant, sich gegenseitig zu verletzen. Dazu gehört es auch, zu versuchen, den Gegner mit der Schulter oder dem Hinterteil wegzudrücken und wegzuschieben. Es ist ganz klar, dass ein Hund diese Art von Kampf nur dann beherrscht, wenn er als Jungtier den angemessenen Umgang mit Artgenossen und mit den eigenen Waffen lernen konnte. Kommentkämpfe sind mit viel Lärm verbunden. Wie beim Spielen ist Energie für Übertreibungen vorhanden. Auf einen menschlichen Beobachter wirkt ein Kommentkampf gerade wegen der lauten Drohgeräusche sehr erschreckend.

Ein **Ernstkampf** entwickelt sich dann, wenn das Interesse beider Kontrahenten an einer Ressource gleich groß ist, wenn beide ungefähr gleichwertig an Größe und Kraft sind und Drohverhalten und Kommunikationsfähigkeiten nicht ausreichen, diesen Kampf zu vermeiden. Angeborenerweise wäre eine wertvolle Ressource, die zu einer ernsthaften Auseinandersetzung führen kann, z.B. eine deckbereite Hündin. Aber grundsätzlich kann alles, was in diesem einen Augenblick für beide Hunde „lebenswichtig" erscheint, ein Auslöser sein. Ernstkämpfe können sowohl zwischen Hunden stattfinden, die sich zum ersten Mal treffen, wie zwischen Hunden, die sich schon länger kennen oder gar zusammenleben. Ernstkämpfe zwischen Hunden, die miteinander leben, sind im Allgemeinen erbitterter. Meist schwelt der Konflikt schon geraume Zeit. Beide Betroffenen haben versucht, durch Kommunikation, durch Drohverhalten, die Situation in den Griff zu bekommen. Durch das Zusammenleben besteht häufig keine Möglichkeit, sich ausreichend aus dem Weg zu gehen. Außerdem wird die Sache oft unbewusst und unbeabsichtigt durch den Hundehalter verschärft.

Fallbeispiel 1

Ich erinnere mich an einen achtjährigen und einen vierjährigen Hovawart-Rüden, die seit vier Jahren zusammenlebten. Der jüngere der Hunde war im Welpenalter ins Haus gekommen, und die Besitzer waren der Meinung, dass beide Hunde gut miteinander auskämen. An diesem besonderen Tag im Urlaub in Italien hatte ein langer Spaziergang stattgefunden. Es war sehr heiß, alle Beteiligten, Menschen wie Hunde, waren beim Heimkommen erschöpft und durstig. Frauchen füllte, wie auch zu Hause üblich, den großen Wassernapf und stellte ihn für beide Hunde auf den Boden. Anstatt wie sonst immer gemeinsam daraus zu trinken, explodierte der jüngere Rüde förmlich und attackierte den Älteren. In diesem Augenblick war der Zugang zu Wasser so wichtig, dass daraus ein Ernstkampf wurde. Von diesem Tag an war es mit dem Frieden im Haus vorbei.

Bei der anschließenden verhaltenstherapeutischen Konsultation wurde
für die Besitzer offensichtlich, dass sich schon lange ein Konflikt abge-
zeichnet hatte. Bis zu diesem Tag jedoch hatten die Kommunikations-
fähigkeiten beider Hunde ausgereicht, eine Eskalation zu vermeiden.
Aber Hitze, Durst und Erschöpfung, die fremde Umgebung und eine für
beide gleichermaßen wichtige Ressource, der gefüllte Wassernapf, hatten
einen Ernstkampf ausgelöst.

Drohverhalten

Aggressives Verhalten beginnt schon beim Blick: Anstarren, Fixieren, ist als Drohung gemeint. Das ist wenigen Menschen überhaupt
bewusst. So kann ein völlig ruhig liegender Hund, der sich einen
strategisch günstigen Platz ausgesucht hat, durch Anstarren jeden,
der in die Nähe kommt, bedrohen. Die deutliche Aussage ist:
Näherkommen ist unerwünscht, wenn du das trotzdem machst,
musst du mit Konsequenzen rechnen. Ein Hund, der solcher-
maßen drohend angestarrt wird, kann darauf unterschiedlich reagieren. Er kann deutlich signalisieren, dass er nicht an einer Auseinandersetzung interessiert ist, indem er demonstrativ wegschaut,
den Kopf abwendet, in angemessener Entfernung bleibt oder sich
zurückzieht. Er kann auch die Herausforderung annehmen, den
Blickkontakt halten und sich weiter annähern. Das verschärft die
Situation.

Das Ganze kann nun wiederum bei Hund Nr. 1 Unsicherheit auslösen und damit **defensive Drohsignale**: Der Blickkontakt wird
abgebrochen, es kommt zu Knurren, Bellen, die Haare sträuben,
die Zähne zeigen – mit mehr oder weniger weit nach hinten gezogenen Mundwinkeln und angelegten Ohren. Je unsicherer sich ein
Hund fühlt, desto deutlicher muss er seine Waffen zeigen: das Maul
kann weit aufgerissen und alle Zähne deutlich sichtbar sein.

Andererseits könnten auch zunehmend **offensive Signale** gezeigt
und die Herausforderung angenommen werden. Ein selbstsicher
drohender Hund hat es nicht nötig, alle seine Waffen zu präsentieren. Die Maulwinkel sind kurz und rund, die vorderen Zähne eventuell nur zum Teil entblößt. Ein Ernstkampf kann sich dann ent-

wickeln, wenn beide Tiere die Ressource, hier den Lagerplatz oder den Durchgang, unbedingt haben wollen oder wenn es keine Rückzugsmöglichkeit gibt. Passende Beschwichtigungsgesten können eine Entschärfung der Situation und damit eine friedliche Konfliktlösung zu jedem Zeitpunkt ermöglichen. Bilder und Beschreibungen allein können jedoch besonders in diesem Zusammenhang nur bedingt aussagekräftig sein. Mimik, Gestik und Körpersprache verändern sich laufend, und aggressives Verhalten kann mit sehr schnellen Bewegungsabläufen verbunden sein.

Selbstsicheres Drohen mit Fixieren des Gegenübers, „Drohstarrren", und kurzen, runden Mundwinkeln. Die Ohren sind jedoch seitwärts geklappt und deuten gemischte Gefühle an: ein Kampf muss nicht unbedingt sein.

Beurteilung aggressiven Verhaltens

Viele dieser Verhaltensweisen erscheinen für Menschen harmlos, sind aber von den Hunden durchaus aggressiv und als Provokation gemeint. Dazu gehört, schnell und ohne zu zögern frontal auf einen anderen Hund zuzulaufen, sich frontal in **Imponierhaltung** anzunähern, sich quer vor einen anderen Hund zu stellen und so seine Bewegungsfreiheit einzuschränken, oder Kinn oder Pfote im Hals-Schulterbereich aufzulegen. Aufreiten ist in vielen Fällen nicht sexuell motiviert, sondern eine Machtdemonstration.

Unsicheres Drohen mit abgewandtem Blick und langen, nach hinten gezogenen Mundwinkeln.

Da wir Menschen unseren eigenen Hund meist von oben sehen, nehmen wir viele der von ihm über die Mimik ausgesendeten Signale nicht wahr, z.B. drohende Blicke. Das macht es oft schwer oder verhindert es, sein Verhalten richtig einzuordnen.

Bei entgegenkommenden Hunden können wir das Gesicht sehen und daher eventuelle Drohsignale wahrnehmen – vorausgesetzt, wir sind uns darüber im Klaren, was alles Drohsignale sind. Wir können jedoch häufig nicht beurteilen, inwieweit der eigene Hund das Verhalten des anderen Hundes ausgelöst hat und dafür mitverantwortlich ist.

Aggressives Verhalten kann nach den unterschiedlichsten Gesichtspunkten eingeordnet, klassifiziert werden. Auf S. 58 wurden die verschiedenen Ursachen, die aggressivem Verhalten zugrunde liegen können, aufgelistet. Beispiele wären aggressiv „aus Angst" oder „hormonell bedingt zur Verteidigung von Welpen". Man kann aggressives Verhalten auch anhand des Auslösers einordnen, also danach, was anwesend sein muss, um das aggressive Verhalten auszulösen, z.B. „futteraggressiv". Daraus geht hervor, dass ein solcher Hund Aggression zeigt, wenn er im Besitz von Futter ist. Es geht nicht daraus hervor, ob das Verhalten gegen Menschen oder andere Hunde oder gegen beides gerichtet ist. Eine Unterteilung, die sich daran orientiert, ob sich das aggressive Verhalten gegen Hunde, gegen unbekannte Menschen oder gegen Familienangehörige richtet, ist ebenfalls möglich.

Aggressives Verhalten gegenüber Hunden

Einerseits sind Hunde, wie Wölfe und Menschen, soziale Lebewesen. Sie müssen mit Sozialpartnern, vorzugsweise Artgenossen, zusammenleben. Andererseits bilden Angehörige der eigenen Art die Hauptkonkurrenz für Ressourcen. Als Ressource kann alles betrachtet werden, was der Steigerung der individuellen Fitness dient, wie Futter, Spielsachen, Spielgefährten, mögliche Fortpflanzungspartner oder das Territorium. Konflikte und Konfrontationen mit Artgenossen sind daher unvermeidlich.

Bei **frei lebenden sozialen Caniden** (darunter versteht man alle Tiere, die zur Gruppe der Hundeartigen gerechnet werden) gehören Artgenossen entweder zum eigenen Rudel oder sind fremde, nicht näher bekannte Tiere. Hunde dagegen leben entweder ausschließlich mit Menschen zusammen, oder in Familienverbänden, die andere Tiere, auch Hunde, mit einschließen. Die meisten Hunde treffen außerdem routinemäßig auf bekannte Artgenossen, die nicht zu ihrem Rudel gehören, sowie auf unbekannte Artgenossen.

Aggressives Verhalten gegen andere Hunde kann sich richten gegen:
- Rudelmitglieder,
- bekannte Artgenossen, die nicht zum Rudel gehören,
- unbekannte Artgenossen.

Aggression gegen Artgenossen, die zum Rudel gehören

Die Fähigkeit von Hunden zum Leben in einer sozialen Gruppe stammt aus dem genetischen Material des Wolfes. Auch Hunde brauchen, um mit anderen Hunden zusammenleben zu können, eine intakte Rangordnung. Diese kann nur dann funktionieren, wenn alle Gruppenmitglieder, seien es zwei Tiere oder eine größere Gruppe, erfolgreich miteinander kommunizieren können. Nur so ist ein reibungsloses Miteinander möglich. Wenn alles stimmt, verläuft das ganz unspektakulär. Meist werden stillschweigend Blicke getauscht und strategisch wichtige Körperpositionen und Plätze eingenommen.

Vom Hundehalter werden diese unauffälligen Signale häufig gar nicht als das wahrgenommen, was sie sind: eine ausgefeilte Verständigung über Rang und über Rechte. So werden auch Drohsignale, die nicht auffällig sind, von Menschen oft übersehen. Das gilt insbesondere für Drohfixieren, das heißt, wenn allein durch Anstarren ein anderer Hund aktiv bedroht wird.

Die **Beziehungen** von Hunden, die in einer Gruppe leben, sind um so komplexer, je mehr Mitglieder diese Gruppe hat. Jeder einzelne Hund hat zu jedem anderen Hund eine persönliche Beziehung, die natürlich auch tagesformabhängig einmal mehr und einmal weniger belastbar ist. So kann die schlechte Verfassung eines Mitglieds der Gruppe auch zu Reibereien in der gesamten Gruppe führen. Wenn ein Tier ganz aus einer Gruppe genommen wird, macht das sozusagen einen Platz frei und führt zwangsläufig zu einem gesteigerten Konfliktpotential. Desgleichen kann eine vorübergehende längere Abwesenheit eines Tieres Instabilität in der Gruppe zur Folge haben. Ebenfalls Stoff für Konflikte bietet ein neues Mitglied in der Gruppe: es muss erst seinen Platz finden.

Rangordnung

Eine intakte Gruppe bietet mit einer stabilen Rangordnung für alle Beteiligten Sicherheit, Ordnung und damit ein stressfreies Leben. Änderungen gefährden diese Stabilität. Allerdings besteht das tägliche Leben aus Änderungen, z.b. dem Erwachsenwerden. Wenn Änderungen nicht im Übermaß stattfinden, sind Hunde jedoch durchaus fähig, mit ihnen fertig zu werden und sich anzupassen. Eine bestehende Situation kann über Demonstrationen, auch mittels Ressourcen, immer wieder betont oder verdeutlicht werden. Gesten der aktiven Unterordnung untermauern die **Rangpositionen**, indem sie zeigen, dass der Rang des Ranghöheren nicht in Frage gestellt wird. Passive Gesten der Demut können von ranghöheren Tieren eingefordert werden. Ressourcen werden für Rangdemonstrationen benutzt. So kann ein ranghoher Hund ein beliebtes Spielzeug oder einen Kauknochen demonstrativ herumtragen oder einfach nur neben sich legen. Dabei wird diese Ressource eventuell gar nicht benutzt, d.h. er kaut weder auf dem Kauknochen herum, noch spielt er mit dem Spielzeug. Sie liegen einfach nur in seiner Nähe, und die anderen Mitglieder der Gruppe werden daran gehindert, sie für sich zu beanspruchen. Demonstrationen treten dann häufiger auf, wenn es etwas zu beweisen gilt.

Man muss nun berücksichtigen, dass, im Gegensatz zu einem Wolfsrudel, eine Gruppe von mehreren Hunden in den seltensten Fällen ein **Familienverband** ist. Das bedeutet, die einzelnen Mitglieder der Gruppe leben nicht von Geburt an zusammen, sondern kommen in den unterschiedlichsten Altersstufen zusammen. Das heißt einerseits, dass ein älterer Hund für einen Welpen keine elterlichen Gefühle hegt. Auf der anderen Seite fehlt die Autorität, die sich daraus ergibt, dass die Mutter für Welpen in den ersten acht Lebenswochen die Quelle aller lebenswichtigen Dinge darstellt. Hundewelpen können nur in den seltensten Fällen ganz selbstverständlich in eine funktionierende Hierarchie hineinwachsen. Deshalb müssen die richtigen Umstände zur Entwicklung einer funktionierenden Gruppe sorgfältig geschaffen werden. Das Problem wird noch deutlicher, wenn ein erwachsener Hund neu in die Familie integriert werden soll. Nicht jeder Hund freut sich über „Familienzuwachs".

Wie gut das geht bzw. ob es gut gehen kann, richtet sich nach einer ganzen Reihe von Faktoren.

Ein Welpe kommt ins Haus

Wenn ein Welpe ins Haus kommt, sind die Karten noch am besten. Allerdings sollte man nicht von einem so genannten Welpenschutz ausgehen. Im Wolfsrudel lebende Welpen sind aus drei Gründen „sicher". Sie sind erstens Mitglieder der Familie und es liegt nicht im Interesse der Gruppe, ein Mitglied zu verletzen oder gar zu töten (Ausnahmesituationen ausgenommen), schon gar nicht die eigenen Kinder, die man mit viel Mühe und Aufwand so weit aufgezogen hat. Zweitens lernen die Wolfswelpen sehr schnell, Erwachsenen gegenüber die angemessenen Unterordnungsgesten zu zeigen, wenn es die Situation erfordert. Drittens sind kleine Wölfe noch keine ernstzunehmende Konkurrenz für die Erwachsenen. Das verhindert echte Konfliktsituationen und daher haben die Jungen oft Narrenfreiheit.

„**Welpenschutz**" im Sinn von absoluter Narrenfreiheit bis zu einem bestimmten Alter existiert nicht. Ein Welpe darf sich also keineswegs alles erlauben, weil er allein aufgrund seines Alters Schutz genießt. Ihn schützt in erster Linie, wenn er sich den erwachsenen Hunden gegenüber angemessen verhält. Dazu muss er die erforderlichen Unterordnungsgesten aktiver und passiver Demut zeigen, die die erwachsenen Tiere freundlich stimmen, vorausgesetzt, diese Tiere sind selbst ausreichend gut sozialisiert. Als Welpen gelten Hunde allerdings höchstens bis zum Alter von etwa vier Monaten.

Wenn also ein Welpe ins Haus kommt, und der schon im Haus lebende Hund die richtigen **Umgangsformen** beherrscht, dann kann er dem „Neuen" gewissermaßen zeigen, wo es lang geht. Das klappt aber nur, wenn der Ältere sozial kompetent, also gut sozialisiert ist, und wenn er das Nötige auch tun darf. Diese Aufgabe wird häufig durch Herrchen oder Frauchen erschwert. Der Kleine ist so *klein* und *soo* süß – man kann gar nicht mit ansehen, wenn er von dem Älteren gerügt und zurechtgewiesen wird. Also wird der erwachsene Hund daran gehindert, dem Nachkömmling Manieren beizubringen – zum Nachteil aller Familienmitglieder. Der Kleine steht – immer und überall, solange er so niedlich ist – im Mittelpunkt und lernt seine Grenzen nicht kennen. Das tut seiner Entwicklung nicht gut. Er lernt weder rechtzeitig, die Rangposition des Älteren zu akzeptieren und zu respektieren, noch übt er die angemessenen Unterordnungssignale ein.

Mit zunehmender **Reife**, unter dem Einfluss von Geschlechtshormonen, fängt dann ein junger Hund an, die Rangposition des Älteren in Frage zu stellen. Er beginnt, alles Mögliche zu unternehmen, um in der Hierarchie aufzusteigen, d.h. er verhält sich zunehmend sozialexpansiv. Es kommt zu mehr und intensiveren Konflikten. Zunächst sind es Demonstrationen, die sich an attraktiven Ressourcen wie Futter, Spielzeugen, bevorzugten Schlafplätzen, aber auch an Privilegien wie der Zuwendung des Hundehalters festmachen. Daraus können sich ernsthaftere Auseinandersetzungen entwickeln.

Ein erwachsener Hund kommt ins Haus

Wenn ein neuer Hund ins Haus kommt, der schon älter ist, rechnen die meisten Menschen eher mit der Möglichkeit von Komplikationen. Auch hier müssen Entwicklungen vermieden werden, die ein friedliches Nebeneinander bedrohen. Die meisten Menschen sind zwar dem Charme eines etwas älteren Hundes nicht mehr ganz so hilflos ausgeliefert wie dem eines Welpen, aber sie versuchen gerecht zu sein, und sie versuchen im Allgemeinen, den Schwächeren zu schützen. Das geschieht insbesondere dann, wenn der Neue aus sehr schlechten Verhältnissen stammt, also „gerettet" worden ist. Man könnte es den Mitleidsfaktor nennen. Das führt dazu, dass der Neue im Allgemeinen vor den grob erscheinenden Maßregelungen durch den schon im Haus lebenden älteren Hund bewahrt wird. Der Schwächere wird beschützt und verteidigt, der vermeintliche Grobian, der dem Neuen nichts gönnt, bestraft. Damit wird die Autorität des „Ersthundes" untergraben. Der Zweite bekommt nicht die nötigen Informationen, die er braucht, um das angemessene Verhalten zu lernen und ausreichend zu üben. So wird die Etablierung einer stabilen Rangordnung sabotiert, die durch ritualisiertes aggressives Verhalten für Ordnung sorgen würde. Man muss genau unterscheiden, ob der eingesessene Hund sozial nicht kompetent und tatsächlich zu grob ist und damit den Neuen unangemessen einschüchtert. Das Geschrei des Neuen kann aber auch Strategie sein – er hat die Erfahrung gemacht, dass er so besser wegkommt, sei es, weil der andere Hund ablässt oder weil Rettung in Menschengestalt naht. Wenn man zu früh eingreift, kann sich ein Hund entwickeln, der mangels richtiger Erfahrungen zu einem rücksichtslosen Grobian wird und den gesamten Haushalt terrorisiert. Greift man zu spät ein, kann das die positive Entwicklung des Neuen beeinträchtigen. In diesem Zusammenhang muss auch auf übermäßig grobe „Spiele" geachtet werden. Ernsthafte Auseinandersetzungen mit zunehmender Intensität können sich an Ressourcen, an Privilegien oder einfach an genereller Aufregung entzünden. Sie sind Anzeichen, Indikatoren, für eine nicht funktionierende Rangordnung.

Gleichgeschlechtliche Hunde in einem Haushalt

Ein Hinweis dafür, dass Geschlechtshormone dem aggressiven Verhalten zugrunde liegen, wäre eine auffallende Steigerung mit Beginn der Pubertät. Zwischen erwachsenen **Hündinnen** kann während, sowie kurz vor und nach der Läufigkeit vermehrt aggressives Verhalten auftreten. Hündinnen können außerdem, insbesondere in den ersten Tagen nach dem Werfen, aggressiv reagieren, wenn andere Rudelmitglieder der Wurfkiste und den Kindern zu nahe kommen. Das ist, sofern ein gewisses Ausmaß nicht überschritten wird, ein angeborenes normales Verhalten zum Schutz der Welpen. Bei **Rüden** muss man ab der Pubertät, bedingt durch den zunehmenden Einfluss des männlichen Geschlechtshormons Testosteron, mit einer Änderung des Verhaltens rechnen. Allerdings kommt es im Allgemeinen zu ernsthaften Differenzen im Haushalt erst bei Erreichen der so genannten sozialen Reife, also im Alter ab zwei bis drei Jahren.

Grundsätzlich können sich aggressive Auseinandersetzungen bei Hunden, die zusammenleben, zwischen männlichen und weiblichen Tieren abspielen, zwischen gleichgeschlechtlichen und/oder kastrierten und unkastrierten Tieren.

Fallbeispiel 2

Die etwa zweijährigen Geschwister "Maxi", ein Mischlingsrüde, und seine Schwester „Minni" sowie die beiden Besitzerinnen der Hunde leben zusammen in einer größeren Wohnung. Minni wird seit einiger Zeit ihrem Bruder gegenüber immer aggressiver. Zu Hause nimmt sie ihm alles Spielzeug weg. Draußen beim Spazierengehen stört sie ihn beim Spielen mit anderen Hunden, obwohl sie selbst nicht mitspielen will. Sie verhindert bzw. unterbricht Kontakte mit anderen Hunden, indem sie Maxi knurrend und bellend angreift. Das Verhalten von Minni wird immer schlimmer. Allerdings haben die geschilderten Auseinandersetzungen anscheinend bisher weder Schmerzen noch Verletzungen bei Maxi verursacht. Beide Besitzerinnen tadeln oder schimpfen Minni für das unerwünschte Verhalten. Maxi geben sie heimlich sein Spielzeug, seinen Kauknochen oder was immer Minni weggenommen hat, zurück. Bei der Konsultation erscheinen beide Hunde gesund. Die Hunde gehen angemessen einvernehmlich und friedlich miteinander um. Allerdings ist Maxi etwas zurückhaltender als seine Schwester. Minni versucht während der Konsultation immer wieder durch Anschauen, Anstupsen und Anschmiegen die Aufmerksamkeit beider Besitzerinnen zu erregen und ist damit auch weitgehend erfolgreich. Sie ist temperamentvoller als ihr Bruder und die Ranghöhere. Auch ihre Menschen hat sie gut im Griff. Ihre gezielten Rangdemonstrationen ihrem Bruder gegenüber werden jedoch von den beiden Besitzerinnen torpediert, die für Gerechtigkeit sorgen wollen. Minni ist gezwungen, sozusagen immer stärkere Geschütze aufzufahren, um sicherzustellen, dass ihr Bruder nicht vergisst, wer wirklich das Sagen hat. Auf diese Weise bestätigt sie ihre Position in der Rangordnung immer wieder. Das ist bisher nicht tragisch, aber eine solche Situation würde auf Dauer für beide Hunde viel Stress bedeuten und kann sich natürlich weiter verschlechtern.

Durch angemessenes Verhalten der Besitzer konnte eine weitere Eskalation vermieden werden. Als nicht mehr für „Gerechtigkeit" gesorgt wurde, konnte Minni, indem sie den Zugang zu Ressourcen wie Spielzeug und Kauknochen kontrollierte, ihre Rangposition so klarstellen und festigen, dass die exzessiven Interaktionen innerhalb von zwei Wochen aufhörten.

Fallbeispiel 3

Der 2¹/₂-jährige Huskyrüde Sebastian und die 8-jährige Huskyhündin Pai leben mit ihrem Besitzer, einem alleinstehenden jungen Mann, in einer großen Wohnung. Seit einigen Monaten behandelt Sebastian die Hündin immer unfreundlicher. Mittlerweile überrennt er sie draußen mit Anlauf so, dass sie mehrere Meter weit fliegt, obwohl er sogar etwas leichter ist als sie. Im Haus liegt er dauernd auf ihren Plätzen und knurrt sie an, wenn sie sich hinlegen will. Im Auto setzt er sich seit neuestem auf den Fahrersitz, wo sich früher immer Pai hinsetzte, wenn der Besitzer ausgestiegen war. Sebastians aggressives Verhalten wird mit Schimpfen und An-die-Leine-nehmen bestraft. Es wird aber immer schlimmer. Sebastian stammt aus einer Tierhandlung und wurde mit 8 Wochen erworben. Er war während des ersten halben Jahres häufig krank und sehr pflegebedürftig. Der Besitzer und seine Freundin haben ihn sehr verwöhnt und auch gegen „Feindseligkeiten" der Hündin beschützt.

Bei der Konsultation zeigt sich, dass Sebastian mit „seinen" Menschen sehr vorsichtig umgeht. Beide Hunde sind sehr gut erzogen und gehorchen gut. Die Hündin weicht dem Rüden deutlich aus. Der Besitzer und seine Freundin versuchen, mit den Hunden „gerecht" umzugehen.

Sebastian versucht, innerhalb des Rudels einen deutlich höheren Rang als die Hündin einzunehmen. Die Hündin akzeptiert das mittlerweile auch und zeigt es, indem sie ihm generell mit Respekt begegnet, Abstand hält und ihm bei Bedarf deutlich ausweicht. Die Besitzer jedoch akzeptieren das nicht und versuchen, beide Hunde „gerecht" und gleich zu behandeln. Sie finden außerdem, Pai sollte als Ältere und Ersthund eher an erster Stelle stehen. Pai hatte leider nie die Gelegenheit, Sebastian rechtzeitig die richtigen Manieren beizubringen. Durch die Erkrankung hatte er einen „Mitleidsbonus" und dadurch nie gelernt, sich der Hündin gegenüber angemessen und mit Respekt zu verhalten. Sein jetziges Verhalten ist so brutal, dass die Hündin vor ihm Angst hat und nicht mehr versucht, sich gegen die Übergriffe zu wehren. Allerdings hat Sebastian sie bisher nicht gebissen und es hat keine sichtbaren Verletzungen gegeben. Aber auch ein Bodycheck mit Anlauf und voller Gewalt darf nicht unterschätzt werden.

Da die Hündin die jetzige Situation akzeptiert und sich nicht mehr gegen die Übergriffe wehrt, sollte Sebastian in seiner Wunschposition bestärkt werden, so dass beide Hunde einvernehmlich miteinander leben können. Sebastian wurde eindeutig und konsequent bevorzugt und damit in seiner Position als deutlich ranghöherer Hund anerkannt. Der Zugang zu Res-

sourcen wie Futter, Spielzeug und Zuwendung wurde für beide Hunde durch die Besitzer kontrolliert, d.h. alles Gute gab es nur für erwünschtes Verhalten, es gab nichts mehr umsonst. Auf Strafen – auch verbaler Art – wurde verzichtet. Durch unzweideutiges Verhalten der Besitzer im Hinblick auf die Rangordnung der Hunde, aber auch auf die gesamte Familienstruktur, konnte das Ganze innerhalb von 2 Monaten geordnet werden.

In den beschriebenen Fällen war das Zusammenleben der Hunde zwar schon mehr oder weniger gestresst und unerfreulich, aber es war in keinem der Fälle zu Ernstkämpfen gekommen. In beiden Situationen handelte es sich um jeweils einen Rüden und eine Hündin, die eigentlich Interesse daran hatten, zusammenzuleben. In beiden Fällen war die unklare Rangposition das alleinige Problem. Nur das Verhalten der Hundehalter hatte die Hunde daran gehindert, die erforderlichen Strukturen aufzubauen.

Bei **gleichgeschlechtlichen Hunden** kann das Ganze schwieriger werden. Hier liegt bei Streitigkeiten einerseits eine unklare Rangsituation vor, sei es, weil sie nie eindeutig geklärt werden konnte, sei es, weil einer oder beide Hunde reifer werden und auf eine Änderung drängen. Dem Ganzen liegt allerdings der durch die Evolution verankerte Wettbewerb um Fortpflanzungsmöglichkeiten und damit eine sehr ernsthafte Konkurrenzsituation zugrunde. Genau genommen entscheiden die wenigsten Hunde auf diesem Gebiet ihre Zukunft selbst, aber darum kümmern sich Hormone nicht.

Je unklarer die Rangordnung ist, desto früher können Anzeichen auftreten, aber naturgegeben ist hormonell bedingtes Verhalten mit dem Beginn der Pubertät verknüpft. Spätestens jedoch mit der **sozialen Reife**, deren Beginn je nach Rasse und Geschlecht zwischen zwei und vier Jahren liegt, können zwischen Hündinnen im selben Haushalt oder Rüden, die zusammen gehalten werden, Spannungen zu Tage treten. Auslöser sind dabei meist Ressourcen. Dem Halter wird die Brisanz oft erst dann bewusst, wenn es schon zu deutlichen Auseinandersetzungen oder gar zu Ernstkämpfen gekommen ist. Um eine solche Situation handelte es sich bei den beiden Hovawart-Rüden, die bereits erwähnt wurden (siehe S. 70).

Um eine Besserung zu erzielen, müssen alle für das Verhalten verantwortlichen Komponenten berücksichtigt und in eine Therapie mit einbezogen werden.

Bei einer **Aggression zwischen Rüden** kann durch eine Hormoninjektion des Rangniederen abgeklärt werden, wie stark die hormonelle Komponente ist. Wenn durch eine Injektion des Testosteronantagonisten *Androcur* eine deutliche Reduzierung des aggressiven Verhaltens erzielt werden kann, sollte der rangniedere Hund kastriert werden. So kann ein möglichst großer Unterschied zwischen beiden Hunden herbeigeführt werden. Wenn beide Rüden kastriert werden, hat man zwar die hormonell bedingte Motivation reduziert, aber beide befinden sich wieder in einer ähnlichen Ausgangslage. Wenn dagegen der ranghöhere Rüde nicht kastriert wird, unterstützt die weiterhin vorhandene Hormonwirkung ihn gegenüber dem rangniederen Rüden. Daher ist dessen Kastration die empfehlenswertere Vorgehensweise.

Bei **Aggressionen zwischen Hündinnen** ist eine Kastration hilfreich, wenn die Streitigkeiten eindeutig auf die Zeiträume hormoneller Aktivität beschränkt sind, also während und kurz vor und nach der Läufigkeit auftreten. Bei Hündinnen empfiehlt es sich, beide zu kastrieren. Durch einen dauerhaft zyklusfreien Zustand beider Tiere wird eine erhöhte Aggressionsbereitschaft aufgrund der hormonellen Situation der Hündin während der Läufigkeit ausgeschaltet. Bei einer Hündin, die schon vor der ersten Läufigkeit auffallend aggressiv ist, ist eine Kastration jedoch kontraindiziert.

Mit Hündinnen sollten, wie mit Rüden, gleichzeitig neue Umgangsformen eingeübt werden. Eine erfolgreiche Lösung der Situation kann dadurch erschwert werden, dass sich im Lauf des oft jahrelangen Zusammenlebens zwischen den betroffenen Hunden Erbitterung und Feindschaft schon über einen ausgedehnten Zeitraum aufgebaut haben. Daher bleibt in manchen Fällen keine andere Wahl, als die Tiere dauerhaft voneinander zu trennen – also für einen der Hunde einen neuen Platz zu suchen.

Da auch erlernte Elemente bei aggressivem Verhalten eine wichtige Rolle spielen, muss natürlich zusätzlich umgelernt werden. Dazu gehört unter anderem der Aufbau einer stabilen Rangordnung, bei der auch die Positionen der menschlichen Sozialpartner klar definiert werden. Das macht man am Besten mittels einer Kontrolle der Ressourcen, d.h. es gibt nichts umsonst, weder Futter noch Spielsachen noch Zuwendung.

Aggression gegen bekannte Artgenossen, die nicht zum Rudel gehören

Man erwartet von Hunden, dass sie grundsätzlich mit anderen Hunden zurechtkommen, besonders dann, wenn es Hunde sind, die sie schon kennen. Jeder Hundehalter weiß jedoch, dass sein Hund ganz bestimmte Hunde gern mag, andere weniger und wieder andere gar nicht. In manchen Fällen kommen zwei Hunde gut miteinander aus, und plötzlich, für den oder die Hundehalter häufig ganz überraschend, gibt es Streit.

Hunde können oberflächlich miteinander bekannt sein. Sie treffen sich mehr oder weniger regelmäßig persönlich oder nehmen die Gegenwart des Anderen über Geruchsinformationen in der Umwelt zur Kenntnis. Sie zollen einander unterschiedlich viel Respekt, und können mit dem einen viel, mit dem anderen eher wenig anfangen.

Wenn sich Hunde schon als Welpen unter angenehmen Umständen kennen gelernt haben und weiterhin regelmäßig treffen, können sich lebenslange Freundschaften entwickeln. Es ist ähnlich wie bei Menschen: die Jungen sind meist viel kontaktfreudiger. Ältere Hunde schließen neue Freundschaften nicht mehr so unbefangen. Je besser sozialisiert ein Hund ist, desto ungezwungener und entspannter kann er mit anderen Hunden umgehen.

Insgesamt beruht das Verhalten von Hunden gegenüber bekannten Hunden auf der Summe *aller* bisher gemachten Erfahrungen – einschließlich derjenigen, die man *miteinander* gemacht hat – und richtet sich nach der individuellen Situation. Eine *feste* Rangordnung wie im Familienverband entwickelt sich nicht.

Der **Zugang zu Ressourcen** wird durch das Verhalten in der individuellen Situation geregelt. Grundsätzlich gilt auch hier das Prinzip der Kosten/Nutzenrechnung, der Bedarfsdeckung und der Schadensvermeidung. Das bedeutet, jeder Hund versucht, die Dinge, die er gern haben oder tun möchte, auch zu bekommen oder zu tun, allerdings möchte er dabei keinen Schaden erleiden. Jeder Ernstkampf beinhaltet jedoch auch die Gefahr von Verletzungen für den Sieger. Daher muss, abhängig davon, wie wichtig eine Ressource ist und wie schwer es ist, sie zu erlangen, eine Verständigung darüber erfolgen, wer wann Zugang zu den wichtigen Dingen hat. Aus diesem Grund ist aggressive Kommunikation in Form von Displays im sozialen Kontext unvermeidbar.

Kommunikationsfähigkeit

Gute Kommunikationsfähigkeiten bilden die Grundlage für den angemessenen Umgang miteinander. Dann reichen unauffällige Signale wie ein nachdrücklicher Blick oder ein kurzes Über-die-Lippen-Lecken aus, um sich miteinander zu verständigen. Damit signalisiert der eine, dass er zu einer Konfrontation bereit wäre, der andere, dass er dem lieber aus dem Weg gehen möchte. So haben die Hunde untereinander sehr deutlich aber ohne viel Aufhebens geklärt, wer den Vortritt hat. Diese Zeichen sehen und/oder beachten viele Hundehalter nicht. Der Austausch der Signale ist so unauffällig und zu kurz, auch ist vielen Menschen gar nicht klar, dass das schon in den Bereich der aggressiven Kommunikation gehört. Für die „beteiligten" Menschen kommen **Auseinandersetzungen zwischen Hunden** daher häufig völlig überraschend. Aber grundsätzlich muss man davon ausgehen, dass sich auch „plötzliche" Streitereien anbahnen. Manchmal hat das Ganze schon eine längere Vorgeschichte und die betreffenden Hunde haben sich gegenseitig bereits über geraume Zeit zu verstehen gegeben, dass es zwischen ihnen Dinge gibt, die einer Klärung bedürfen. Es hat nur der richtige Auslöser gefehlt. Die dabei auftretenden Zeichen und zwischen den Hunden ausgetauschten Signale können allerdings zunächst sehr unauffällig sein und werden von Menschen daher oft nicht wahrgenommen.

Häufig werden sie auch falsch interpretiert. Viele Hundebesitzer schwören, dass ihr Hund bloß spielen will und sind sich nicht darüber im Klaren, dass Lumpi in Wirklichkeit massive **Drohsignale** aussendet. Das gilt insbesondere für längeres Anstarren. Naturgemäß sieht man als Hundebesitzer seinen Hund oft nur von hinten und oben – und verpasst dadurch die Blicke, die dieser auf einen vor ihm stehenden Hund richtet. Den meisten Menschen wird erst bei viel auffälligeren aggressiven Displays wie Knurren, Zähnezeigen und dergleichen bewusst, dass ein Konflikt vorliegt.

Sichtbarere Auseinandersetzungen finden statt, wenn:
- das Interesse an einer Ressource und die individuelle Fitness der Konkurrenten gleich stark sind;
- die Fähigkeiten zur Kommunikation nicht ausreichen, um den Konflikt zu lösen.

Einfluss von Hormonen

Mit dem Beginn der Pubertät wird außerdem durch den Einfluss von Hormonen vor allem die Bereitschaft zu aggressivem Verhalten gegenüber Tieren des gleichen Geschlechts angeregt und gesteigert. Insbesondere der Einfluss des männlichen Geschlechtshormons Testosteron sorgt dafür, dass sich das Verhalten zwischen Rüden ändert und es naturgemäß während und im Anschluss an die Pubertät zu Kontroversen kommt. Aber auch viele Hündinnen sind kurz vor, während oder nach der Läufigkeit anderen Hündinnen gegenüber unverträglich.

Die Gefahr ernsthafter Verletzungen richtet sich nach der Stärke des aggressiven Verhaltens. Sie beruht darauf, wie sozial kompetent die beteiligten Hunde sind, wie nahe sie einander stehen und wie wichtig die Ressource ist.

Der eigentliche **Auslöser für Auseinandersetzungen** kann alles sein: ein neuer Ball, der geworfen wird; eine anwesende Hündin steht kurz vor der Läufigkeit, aber es gibt noch keine für Menschen offensichtliche Zeichen; ein Hund fühlt sich nicht so wohl, weil er

Schmerzen hat; einer ist nicht mit seiner üblichen Begleitperson unterwegs. Die Stresstoleranz eines Hundes kann durch alles Mögliche beeinflusst werden. Es können sich also Situationen ergeben, wo so viel zusammenkommt, dass Hunde einfach überfordert sind und unter Umständen entsprechend gereizt reagieren können. *Aggressives Verhalten ist abhängig von der Tagesform.* Jedes Verhalten, auch aggressives Verhalten, erwächst aus vorhergehenden Erfahrungen. Dazu gehört natürlich auch, wie sich Herrchen und/oder Frauchen in einer solchen Situation verhalten haben. Damit haben die anwesenden Menschen großen Einfluss darauf, wie sich die Lage weiterentwickelt. Wenn es dann zu einer wirklich erkennbaren Konfrontation kommt, können insbesondere die Reaktionen der Hundebesitzer den Ausschlag dafür geben, was letztendlich passiert. Je aufgeregter, je lauter und je wütender reagiert wird, desto weiter steigt das Risiko. Man spricht hier ganz bewusst von einer „Stimmungsübertragung".

Hundebesitzer können letzten Endes durch jede Art von **Einmischung** den entscheidenden Impuls zu einer Verschärfung der Lage setzen. Das Ablenken eines der betreffenden Hunde, beruhigende Worte oder eine Strafe können ab einem bestimmten Punkt zur Entgleisung einer Situation führen, die ohne menschliche Einmischung ursprünglich gute Aussichten zu einer friedlichen Lösung geboten hätte.

Der **Verlauf einer Konfrontation** hat überdies Einfluss darauf, wie sich die Zukunft gestaltet. Ein Hund, der die Erfahrung gemacht hat, dass aggressives Verhalten Vorteile hat, versucht möglicherweise, die nächsten Konflikte ebenfalls so zu lösen. Oder er macht die Erfahrung, dass sein Mensch von einem Augenblick auf den anderen zu einem tobenden, schreienden Wesen geworden ist – weil ein anderer Hund anwesend war. Das führt dazu, dass er sich nach diesem Erlebnis in der Anwesenheit dieses anderen Hundes überhaupt nicht mehr entspannt fühlen kann und alles dafür tut, dass dieser Hund verschwindet: ab sofort zeigt er ein aggressives Display, sobald dieser Hund auf der Bildfläche erscheint. Der kann so zum „Hausfeind" werden, dem man in Zukunft immer aus dem

Weg geht, „weil das sonst so ein Theater gibt". Es kann sogar eine Übertragung auf andere ähnlich aussehende Hunde erfolgen, im Extremfall auch auf Hunde ganz allgemein.

Fallbeispiel 4

Der zweijährige Rottweiler Joe wohnt mit seiner Besitzerin, einer Frei-beruflerin mittleren Alters, und dem 8-jährigen Siamkater Spirit in einer Zweizimmerwohnung im vierten Stock in der Großstadt. Seit zwei Monaten wohnt Toby, ein etwa 45kg schwerer schwarzer Mischlingsrüde im ersten Stockwerk des Hauses. Jedes Mal, wenn Joe und seine Besitze-rin nach draußen gehen und an der entsprechenden Wohnungstür vor-bei müssen, tobt Toby drinnen an der Tür. Joes Besitzerin hat die neuen Mitbewohner gebeten, ihren Hund im Treppenhaus an der Leine zu führen. Sie befürchtet eine Auseinandersetzung, wenn sich die Hunde im Haus begegnen.

Eines Tages treffen die beiden Hunde, als Joe und sein Frauchen nach Hause kommen, im Treppenhaus aufeinander. Joe wird an einem Gentle Leader (Kopfhalfter für Hunde) geführt, Toby kommt allein die Treppe herunter. Er stürzt sich auf Joe, der festgehalten wird und sich nicht bewe-gen kann. Tobys Besitzerin hört das Getöse, stürzt aus ihrer Wohnung und holt ihren Hund zurück. Joe hat eine etwa zehn Zentimeter lange Schramme davongetragen, keine ernsthafte Verletzung. Er selbst hatte keine Gelegenheit, einen Biss anzubringen.

Seit diesem Tag tobt auch Joe im Hausflur jedes Mal vor der Tür von Toby, und zwar zunehmend mehr. Wenn er Toby draußen nur von wei-tem sieht, ist er kaum zu halten. Bald lösen auch andere große schwarze Hunde, die Toby ähnlich sehen, dieses Verhalten aus.

Ein halbes Jahr später besuchen Joe und seine Besitzerin eine bekannte Familie mit einer jungen schwarzen Hovawart-Hündin. Laika ist unge-fähr acht Monate alt und Joe hat sie bisher nicht kennen gelernt. Er ist aber sozial kompetent und kommt eigentlich mit anderen Hunden und besonders gut mit Hündinnen aus.

In dem Augenblick, in dem Joes Besitzerin die Autotür öffnet, kommt Laika gerade aus der Haustür. Joe erblickt sie, springt aus dem Auto und rast mit voller Geschwindigkeit die dreißig Meter über den Hof auf sie zu.

Ohne auch nur im Geringsten abzubremsen rennt er sie so über den Haufen, dass sie mehrere Meter weit fliegt. Sie springt wieder auf, wie sich später herausstellt, unverletzt, und saust um die Hausecke davon. Joe begrüßt inzwischen Laikas Besitzerin. Als Laika langsam wieder zum Vorschein kommt und sich vorsichtig annähert, hat man den Eindruck, dass Joe richtig verlegen ist: er hat inzwischen gemerkt, dass er es mit einer Hündin zu tun hat, und begrüßt sie jetzt so, wie es sich gehört. Auslöser für sein völlig unangebrachtes Verhalten der Hündin gegenüber war ihr Aussehen, das dem von Toby ähnelt: schwarz mit helleren Beinen. Nur mit viel Zeit und Arbeitsaufwand kann eine solche Generalisierung rückgängig gemacht werden.

Fallbeispiel 5
Arco, ein Flat-Coated Retriever, ist seit seiner neunten Lebenswoche bei seiner jetzigen Besitzerin, einer jungen Frau. Sie hat Arco selbst traditionell ausgebildet. Er wird erfolgreich jagdlich geführt und ist häufig zum Training auf dem Hundeplatz. Seit sie in der Ausbildung ist, lebt Arco zum Teil mit ihr in der Stadt, teilweise bei ihren Eltern auf dem Land.

Im Alter von etwa 3 Jahren stellt ihn seine Besitzerin vor, weil sie mit seinem Verhalten nicht zufrieden ist. Arco duldet nicht, wenn ein anderer Rüde hinter ihm steht oder von hinten angelaufen kommt, und reagiert dann mit Knurren. Er selbst rennt knurrend auf andere Rüden zu. Wenn er auf einen Rüden aufreitet und ein anderer hinzukommt, reagiert er ebenfalls mit aggressivem Display. Außerdem mischt er sich ein, wenn Welpen lautstark balgen: Er knurrt, geht dazwischen und ist erst zufrieden, wenn sie sich trennen. In größeren Gruppen von Hunden, vor allem wenn Rüden dabei sind, in engen Durchgängen und an der Leine knurrt er ebenfalls.

Das Ganze hat angefangen, nachdem Arco im Alter von ungefähr zwei Jahren von seinem eigenen Wurfbruder, den er bis zu diesem Augenblick nicht wiedergesehen hatte, überraschend von hinten überfallen und auch verletzt worden war.

Seine Besitzerin hat bisher mit ihren Versuchen, Arcos Verhalten anderen Hunden gegenüber zu ändern, leider keinen Erfolg gehabt, obwohl sie *im traditionellen Sinn eine geübte Ausbilderin ist. Sie fühlt sich hilflos, da Schimpfen, Leinenruck und Auf den Rücken werfen nicht gefruchtet haben und das Verhalten sich immer mehr verschlechtert. Arcos aggressive Displays werden immer intensiver und beginnen immer früher. Allerdings ist bisher kein Blut geflossen.*

Während der Konsultation zeigt Arco sich als temperamentvoller freundlicher Hund mit enger Bindung an die Besitzerin. Aufgrund seiner jagdlichen Ausbildung beherrscht er die gängigen Kommandos gut. Beim Anblick eines vor der Glastür des Trainingsraumes stehenden Hundes reagiert er mit Gebell und intensivem Drohverhalten, ohne jedoch gegen die Tür zu springen. Sein Verhalten ist also entschieden kontrolliert. Arco hat mit ungefähr drei Jahren weitgehend seine sexuelle und soziale Reife erreicht. Sein Verhalten Welpen gegenüber ist durchaus angemessen. Als erwachsener Rüde hat er das Recht, evtl. sogar die Pflicht, für Ruhe und Ordnung zu sorgen. Er tut das sozial kompetent, indem er durch sein aggressives Display die Welpen in ihrem Verhalten stoppt.

Daher sollte, um sicherzustellen, dass Welpen auf dem Hundeplatz in Ruhe spielen können, Arco in dieser Zeit gezielt andere Aufgaben bekommen. Menschliches Eingreifen, während er sich bei den Welpen einmischt, kompliziert die Situation eher: Wenn man seinem Verhalten zu viel Aufmerksamkeit widmet, indem man ihn herausruft, würde das Verhalten verstärkt werden. Eine negative Reaktion, z.B. Tadel, könnte zu negativen Assoziationen im Zusammenhang mit Welpen führen, und damit zu weiteren unerwünschten Folgen.

Sein Verhalten anderen erwachsenen Rüden gegenüber beruht einerseits darauf, dass Arco im Alter von drei Jahren als fast voll erwachsener Hund seinen Status auch demonstrieren will: dazu gehört das Aufreiten auf andere, insbesondere jüngere Rüden: eine reine Machtdemonstration. Die Annäherung eines weiteren Rüden stört in dieser Situation: er soll sich entfernen. Arco vermittelt das durch sein Drohverhalten unmissverständlich.

Allerdings zeigt sein Verhalten eine gewisse Unsicherheit. Nur wer sich nicht sicher fühlt, muss auch dauernd das Gegenteil beweisen. Die Ursache dafür ist sicherlich in dem Erlebnis zu suchen, das Arco mit seinem Bruder gehabt hat. Die damit für Arco und seine Besitzerin verbundene

Schreck- und Schocksituation hat auf alle beide einen nachhaltigen Einfluss gehabt: beide empfinden bei Annäherung von anderen Rüden eine grundlegende Unsicherheit und reagieren mit Vorsicht und Argwohn. Es entsteht ein Teufelskreis: Weder Arco noch seine Besitzerin sind entspannt und fühlen sich wohl. Arco zeigt das über Knurren, seine Besitzerin nimmt das natürlich wahr. Das steigert ihre eigene Spannung. Das wiederum nimmt Arco wahr – er bringt es jedoch nicht mit seinem eigenen Verhalten in Verbindung, sondern mit der Annäherung der anderen Hunde. Das macht ihn noch vorsichtiger und erhöht seine Motivation, diese „Bedrohung" zu entfernen.

Alle üblichen menschlichen Reaktionen verstärken das Verhalten von Arco, anstatt es zu bessern: Tadel oder gar Strafe durch den Menschen verstärkt die Unsicherheit bei der Annäherung von anderen Rüden. Beruhigende Worte sind wie Lob: sie vermitteln Arco den Eindruck, sein Verhalten sei erwünscht.

Um das Verhalten tatsächlich zu ändern, müssen sowohl die Gefühlslage von Arco als auch sein Verhalten bei Anwesenheit und Annäherung von anderen Rüden geändert werden. Dasselbe gilt auch für seine Besitzerin. Arco muss die Erfahrung machen, dass es für ihn Vorteile hat, wenn er sich anders verhält, sowohl während andere Rüden anwesend sind, als auch wenn sie sich ihm nähern.

Verhalten der Hundebesitzer in der Öffentlichkeit

Aufgrund der gegenwärtigen Situation in der Öffentlichkeit und derzeitigen politischen Lage ist es sehr leicht nachvollziehbar, dass Hundehalter bei aggressiver Kommunikation zwischen Hunden sehr schnell eingreifen. Es bieten sich in der modernen Gesellschaft weder Hundehaltern noch Hunden ausreichend Möglichkeiten zu lernen, wie man *angemessen* mit Konflikten und aggressivem Verhalten umgeht.

Aggressive Kommunikation zwischen Hunden wird im Allgemeinen kaum geduldet. Kommentkämpfe können nur selten stattfinden, da sie für Menschen wenig erträglich sind. Es hört sich gefährlich an, es sieht auch so aus – und es gibt leider keine absolute Garantie, dass es beim Kommentkampf bleibt. Daher werden Auseinandersetzungen durch die Hundehalter schnell abgebrochen. Das gereicht Hunden zum Nachteil. Vor allem erwachsene Tiere haben wenig Gelegenheit, sich ausreichend miteinander auseinander zu setzen. Das verringert die Möglichkeiten, die erforderliche soziale Kompetenz zu erwerben und einzuüben. Hunde können ihre Kommunikationsfähigkeiten nicht ausreichend schulen und den Umgang miteinander nicht weiter verfeinern. Obendrein wird eine Klärung der individuellen Situation verhindert. Die Konflikte schwelen weiter und führen zu zunehmenden und andauernden Spannungen zwischen den betreffenden Hunden. Die Hundehalter vermeiden dann im Allgemeinen Spaziergänge miteinander, da sie sich beim Spazierengehen eigentlich selbst entspannen wollen. So schrumpfen die **Sozialkontakte** von Hunden untereinander zusehends. Die Fähigkeit, miteinander zu kommunizieren, verringert sich fortlaufend und die Wahrscheinlichkeit aggressiver Reaktionen steigt.

Aggression gegen unbekannte Artgenossen

Heute geht man, im Gegensatz zu früheren Überzeugungen, nicht mehr davon aus, dass ein grundsätzliches Interesse an der eigenen Art besteht. Ganz selbstsüchtig besteht das Interesse darin, das Fortkommen der *eigenen* Nachkommen sicherzustellen. Artgenossen sind die größte **Konkurrenz**, sie brauchen zum Leben genau dieselben Dinge. Viel mehr als jedes Lebewesen einer anderen Art gefährden sie das eigene Überleben, den eigenen Erfolg. Als ein Grundzug hat sich daher in der Evolution das Bestreben entwickelt, Artgenossen vom eigenen Territorium fernzuhalten, es sei denn, ihre Anwesenheit ist mit Vorteilen verbunden. Für Wölfe geht es nur dann darum, fremde Wölfe näher kennen zu lernen und sich anzufreunden, wenn es sich um mögliche Fortpflanzungspartner handelt. Ansonsten sind unbekannte Wölfe nicht mögliche Freunde, sondern unerwünschte Konkurrenz im Wettbewerb um die Ressourcen. Sie sollen daher möglichst schnell aus der Gegend, aus dem eigenen Territorium, verschwinden. Das wird durch ein entsprechend ungastliches Display, durch aggressives Verhalten und, falls erforderlich, durch Ernstkämpfe erreicht. Dieses Erbe tragen auch unsere Hunde. Selbst die lange Geschichte der Domestikation kann nicht ein Verhalten, das die Grundvoraussetzungen für das Überleben sichert und dementsprechend tief verwurzelt ist, löschen. Es ist Hunden also von vornherein angeboren, auf die Annäherung von *fremden* Hunden nicht freundlich und mit Begeisterung, sondern mit Vorsicht zu reagieren, es sei denn, sie haben es rechtzeitig anders lernen und einüben können.

Das Verhalten, das Hunde gegenüber fremden Hunden zeigen, beruht in erster Linie auf zwei genetisch fixierten Komponenten: Einerseits bilden *Artgenossen* als Konkurrenz grundsätzlich eine Bedrohung, andererseits sind *alle unbekannten* Lebewesen eine mögliche Bedrohung.

Begegnung mit anderen Hunden – ein Lernprozess

Wir Menschen halten es für selbstverständlich, dass Hunde sich freuen, wenn sie einem Artgenossen begegnen. Wir erwarten, dass sich Lumpi bei der Begegnung mit einem anderen Hund sofort begeistert ins Spiel stürzt. Aber die Evolution hat Hunde nicht auf unsere Erwartungen, auf unser zivilisiertes Leben vorbereitet. Es ist also zunächst gar nicht selbstverständlich, dass Hunde sich über die Begegnung mit fremden Hunden freuen. Im Gegenteil, sie müssen mühselig lernen, dass die Anwesenheit anderer Hunde Vorteile bietet. Hunde müssen erst auf die speziellen Anforderungen vorbereitet werden, die das Leben mit Menschen an sie stellt. Das gilt insbesondere dafür, dass man so dicht mit unbekannten Artgenossen zusammenlebt. Ursprünglich war das nicht so geplant.

Hunde begegnen tagtäglich anderen Hunden. Für Menschen ist es genau genommen gar nicht möglich zu beurteilen, inwieweit die Hunde einander tatsächlich unbekannt sind. In vielen Fällen haben sie sich vielleicht nur noch nicht persönlich getroffen, aber schon über einen langen Zeitraum Geruchsinformationen ausgetauscht. Schon dabei können sich **Konkurrenzsituationen** aufgebaut haben, so dass sich diese Hunde bei ihrer ersten persönlichen Begegnung möglicherweise gar nicht unbefangen gegenüberstehen.

Es macht auch einen Unterschied, wo eine Begegnung stattfindet. Wenn das an Stellen geschieht, wo beide Hunde ausreichend Bewegungsfreiheit haben, können sie ausreichend Abstand halten und sich langsam annähern – gerade in einem Maß, in dem sie sich noch wohl fühlen. Das alles geht nicht, wenn sie an der Leine sind oder in engen Räumen. Auch Durchgänge oder schmale Gehwege sind nicht günstig.

Für uns ist selbstverständlich, dass Hunde tagtäglich ohne Schwierigkeiten an der Leine auf dem Gehweg geradewegs auf einen anderen Hund zugehen. Wir übersehen dabei, dass Hunde eine zügige, **frontale Annäherung** als Konfrontation empfinden. Das ist ihnen so angeboren. Ein Hund, der so auf einen anderer Hund zukommt, signalisiert damit, dass er nicht vor hat, höflich zu sein, und dass es besser wäre, wenn man ihm ausweicht. Das geht aber nur mit etwas Bewegungsfreiheit – nicht, wenn die Leine von Herrchen oder Frauchen kurz gehalten und Lumpi so gezwungen wird, sich ebenfalls in gerader Linie zügig in Richtung des entgegenkommenden Hundes zu bewegen. Damit ist ein Missverständnis zwischen den Hunden vorprogrammiert. Jeder der beiden verhält sich so, dass der andere eigentlich mit Aggression rechnen muss. Es verwundert nicht, dass manche Hunde, je näher sie aufeinander zukommen, mit weiteren Signalen wie Haare aufstellen, Bellen oder Knurren reagieren und versuchen, den anderen so dazu zu bewegen, mehr Abstand zu halten.

Grundlegende **Missverständnisse** und die Zwänge der heutigen Gesellschaft sind also für aggressives Verhalten bei Hunden ebenso mitverantwortlich wie in unzähligen Generationen festgelegte überlebenswichtige Eigenschaften: der Wettbewerb um Ressourcen sowie das Bestreben, Gefahren zu vermeiden. Jeder einzelne der genannten Faktoren kann die alleinige Ursache für aggressives Verhalten bilden, oder aber eine beliebige Kombination aus allen.

Mangelhafte Sozialisation, mangelnde Erfahrung sowie schlechte Erfahrungen führen grundsätzlich zu erhöhter Wachsamkeit und Reaktionsbereitschaft. Dabei ist nicht relevant, ob eine Bedrohung tatsächlich objektiv nachvollziehbar ist. Ausschlaggebend für das Verhalten ist die subjektive, individuelle Befindlichkeit. Die möglichen Verfahrensweisen im Umgang mit einer Bedrohung sind ebenfalls durch die Evolution entwickelt worden: die schon erwähnten 4 Fs. Hunde können nun, wenn sie einem unbekannten Hund begegnen und sich durch ihn bedroht fühlen, jede dieser Verhaltensformen zeigen. Sie können auch von einer in die andere überwechseln. Was aber theoretisch möglich wäre, sieht im „praktischen" Leben anders aus.

Für angemessenes Verhalten bedarf es einer gewissen **Bewegungsfreiheit**. Hunde sind oft in Räumen oder an der Leine. Die Entscheidung darüber, wie viel Zeit oder Raum ihnen für angemessenes Verhalten zur Verfügung steht, treffen die Menschen. Hunde sind selten in der Lage, einfach flüchten zu können. Es wäre natürlich für den Hundehalter auch gar nicht wünschenswert, wenn sein Hund einfach weglaufen würde, sobald er Angst hat: er könnte verloren gehen. Noch schlimmer, es könnte im heutigen Straßenverkehr mit schweren Verletzungen oder gar tödlich enden. Auch für Übersprungshandlungen, Flirtversuche und Beschwichtigungsgesten braucht ein Hund Bewegungsfreiheit – oder zumindest die Zeit, sie durchzuführen. Manchmal wäre stehen bleiben, ein kurzes Abwenden des Kopfes und Lecken über die Nase ausreichend, um einem fremden Hund zu signalisieren: ich suche keinen Streit. Das dauert nur einen Augenblick – aber selbst dafür muss man sich die Zeit nehmen. Hinsetzen und sich kratzen, einen Bogen gehen und scheinbar in Ruhe schnüffeln, eine Spielaufforderung mit dem Vorderkörper auf dem Boden und dem Po in der Luft: alles braucht Zeit und Platz. Das gilt sogar für Erstarren. Auch dafür ist Platz erforderlich – und Zeit. Gerade das gestehen viele Hundehalter ihrem Hund in einem solchen Augenblick selten zu. Zum einen ist ihnen nicht bewusst, wie wichtig das für ihren Hund wäre. Außerdem haben sie es fast immer eilig, irgendwohin zu kommen – vielleicht

sogar gerade in diesem Augenblick in den Park, damit ihr Hund
endlich von der Leine und frei laufen darf, damit er ein bisschen
Spaß hat.

Damit bleibt Hunden häufig als einzige Alternative, aggressive Signale zu senden, wenn sie in Situationen kommen, die sie als bedrohlich empfinden, um das, was ihnen Angst macht, auf Abstand
zu halten.

Aggression aufgrund von zu wenig Erfahrung und schlechten Erfahrungen

Für die Sozialisierung sind die ersten zwölf Wochen im Leben eines
Hundes entscheidend. Das betrifft vor allem die Bedingungen,
unter denen das Leben beim Züchter erfolgt. Hunde, die nur Kontakt mit Mutter und Geschwistern hatten, haben keinerlei Erfahrungen mit Artgenossen, die völlig anders aussehen.

Auch handaufgezogene Welpen haben hier ein deutliches Defizit,
wenn sie ausschließlich Erfahrungen mit Menschen. sammeln
konnten. Sie hatten noch nicht einmal Gelegenheit, die Kommunikationsfähigkeit mit Artgenossen im Umgang mit Mutter und
Geschwistern zu schulen. Spätestens sobald Welpen in ihre neue
Familie kommen, sollte für ausreichenden Kontakt mit anderen
Hunden gesorgt werden. Wenn das jedoch erst im Alter von zwölf
Wochen oder gar später geschieht, wird es problematisch. Da die
Entwicklung des Gehirns auf Umweltreize angewiesen ist, können
solche Tiere schon dauerhafte Schäden davongetragen haben, die
sehr schwer oder gar nicht mehr zu beheben sind. Sie leiden dann
unter dem schon erwähnten Defizitsyndrom.

Selbst Hunde, die zunächst unter günstigen Bedingungen aufge-
wachsen sind, können unter einer mangelhaften Sozialisierung leiden, wenn sie in der darauffolgenden Zeit nicht mehr ausreichend
Kontakt mit anderen Hunden haben. Das gilt z.B. für Welpen, die
aufgrund ernsthafter Erkrankungen hochgradig pflegebedürftig
sind und aus diesem Grund über einen längeren Zeitraum von
anderen Hunden isoliert gehalten werden müssen.

Häufig werden Welpen auch ganz bewusst aus Angst vor der

Ansteckungsmöglichkeit mit einer der üblichen Infektionskrankheiten vor dem Kontakt mit anderen Hunden geschützt – evtl. sogar auf Anraten des Tierarztes. Es ist natürlich zutreffend, dass der Kontakt mit Umwelt und anderen Hunden das Risiko einer Ansteckung mit Infektionskrankheiten birgt. Bei einer mangelhaften Sozialisation sind Verhaltensauffälligkeiten jedoch garantiert, während das Risiko einer Erkrankung nur eine Möglichkeit darstellt. Diese kann zudem durch eine optimale Impfversorgung minimiert werden.

Bedrohung durch alles Unbekannte

Mangelhaft sozialisierte Welpen oder Junghunde, die mit ihren neuen Menschen im Park nie zuvor gesehenen Artgenossen begegnen, empfinden diese unbekannten Lebewesen als Bedrohung. Sie sind oft nicht in der Lage, die angeborenen und bisher bestenfalls mit Mutter und Geschwistern eingeübten Signale, die der Kommunikation mit Artgenossen dienen, angemessen einzusetzen. Auch ein Mensch, der plötzlich einem Löwen gegenübersteht, würde nicht erwarten, dass Verhaltensweisen, die der Kommunikation mit Menschen dienen, hier von Nutzen wären. Also würde man gar nicht erst versuchen, sich dem Löwen höflich vorzustellen, sondern alles tun, um sich in Sicherheit zu bringen.

Die 4 F laufen auch beim Menschen nicht durchdacht, sondern automatisch ab. Durch Erstarren kann man vielleicht der Aufmerksamkeit des Tieres entgehen. Eine menschliche Übersprungshandlung wäre hysterisches Lachen. Flucht könnte die Rettung sein, oder aber ein Angriff. Die alte Weisheit trifft hier den Kern: Angriff ist die beste Verteidigung! Auch ein Welpe, der nie zuvor andere Artgenossen kennen gelernt hat und plötzlich einem unbekannten Artgenossen gegenübersteht, kann unterschiedlich reagieren. Wie, das hängt schon in diesem Alter von der individuellen Situation und dem Naturell des Hundes ab.

Die meisten versuchen es zunächst mit **Flucht**. Das ist häufig nicht wirksam: Die Leine begrenzt die Bewegungsfreiheit und die Bedrohung kommt immer näher. Flucht wäre aber in keinem Fall die beste Lösung: das Wegrennen kann die Verfolgung durch andere Hunde auslösen. Auch Erstarren, Übersprungshandlungen oder aggressives Display kommen als Verhaltensweisen in Frage. Welpen, die erstarren, haben die Möglichkeit, zu erleben, dass die Bedrohung nicht gar so furchtbar ist. Das setzt jedoch voraus, dass der fremde Hund seinerseits sozial kompetent ist und angemessen mit dem Welpen umgeht. Verhalten, das belohnt wird, wird öfter auftreten und stärker werden – und schon kann dieser Welpe eine Verhaltensstrategie entwickeln, die ihm in Zukunft gute Dienste im Umgang mit unbekannten Hunden leisten wird. In den meisten Fällen, wenn er bei der Begegnung mit unbekannten Hunden stillhält, werden diese ihn einfach beschnuppern und sich dann wieder wichtigeren Dingen zuwenden.

Auch **Übersprungshandlungen** und **Beschwichtigungsgesten** führen in vielen Fällen zu einem ähnlichen Ergebnis. Dabei ist es nicht wichtig, ob der betreffende Welpe diese Handlungen ausführt, weil er sein Gegenüber als Artgenossen wahrnimmt oder weil er sich als Hund in einer Stresssituation einfach nur wie ein Hund verhalten kann. Welpen können bei solchen Begegnungen jedoch nur dann nützliche Strategien entwickeln, wenn ihr Gegenüber richtig mit ihnen umgeht. Wenn sie schlechte Erfahrungen machen, wird ihre Angst sich weiter verstärken und schadet dem Umgang mit fremden Hunden in der Zukunft außerordentlich.

Aggressives Verhalten aus Angst zeigt sich bei Welpen zunächst vor allem durch Bellen, oft aus der sicheren Deckung von Herrchens oder Frauchens Beinen. Das kann sich in der Situation mit dem Gefühl zunehmender Bedrohung oder auch im Lauf der Zeit steigern. Dann kommt Knurren, Nase runzeln und Zähne zeigen dazu, also Signale, die deutlich ausdrücken sollen: geh weg!

Das Verhalten der Hundehalter bildet in dieser Situation einen wichtigen Einfluss für die weitere Entwicklung des Hundeverhaltens. Auch hier gibt es verschiedene Möglichkeiten. So kann man z.B. einen Welpen einer angsterregenden Situation aussetzen, obwohl er deutliche Signale von Furcht und Aggression zeigt. Das wird sogar häufig von Hundetrainern empfohlen, nach dem Motto,

„da muss er durch; er wird schon lernen, was sich gehört". Dieser Weg kann erfolgreich sein und dafür sorgen, dass die aggressive Kommunikation in Zukunft unterbleibt. Andererseits sind dabei auch unerwünschte Resultate möglich. Die Angst ist nun einmal vorhanden, und die Chance für den Aufbau von ein bisschen mehr Selbstsicherheit ist verspielt.

Tröstende, beruhigende Worte wiederum verstärken das unerwünschte Verhalten, also die aggressiven Signale. Sie vermitteln nämlich dem Welpen oder Junghund den Eindruck, Herrchen und Frauchen sind mit diesem Verhalten zufrieden – sonst würden sie ja nicht diese angenehmen Laute von sich geben.

Aber auch **Tadeln** des Welpen, evtl. mit dem Hinweis auf mangelnde Tapferkeit, hilft nicht: je nach menschlicher Stimmlage und Naturell des Hundes kann so noch mehr Angst ausgelöst und die Angst weiter verstärkt werden. In manchen Fällen kann selbst Tadel als Zuwendung des Besitzers wahrgenommen werden und verstärkt dann wieder das Verhalten.

Eine **Rettung vor anderen Hunden**, indem man den Kleinen rasch auf den Arm nimmt, vermeidet die Verstärkung von Angst durch die Annäherung der Bedrohung, verhindert aber die Chance, das richtige Verhalten zu lernen und zu üben. Außerdem kann das Auf-den-Arm-Nehmen wieder als angenehm empfunden werden und auf diesem Weg zu einer Verstärkung führen. Unglücklicherweise bewirken also die *normalen* menschlichen Reaktionen ganz offensichtlich letztendlich eine Verschlechterung des Verhaltens.

Fallbeispiel 6

Max ist ein Labrador/Flat-Coated Mix, männlich, und wurde im Alter von 9 Wochen über ein Zeitungsinserat von seiner jetzigen Besitzerin aus einem Privathaushalt erworben.

Diese ist eine ältere Witwe und lebt allein in einer Wohnung mit Dachterrasse, auf die der Hund, wann immer er will, allein gehen darf. Sie macht viermal täglich ausgiebige Spaziergänge mit Max. Er befolgt alle Aufforderungen seiner Besitzerin sehr gut. Sie pflegt Max allein, er lässt auch gern alles mit sich machen. Spiele beginnt und beendet die Besitzerin, sie hat unter anderem eine Art Fußballspiel mit dem Hund entwickelt.

Es kommt häufig Besuch von Kindern und Enkelkindern. Der Hund spielt mit allen und ist dabei sanft. Er hat noch nie einen Menschen verletzt.

Im Alter von einem Jahr wurde Max von einem herrenlosen Schäferhund angegriffen, im darauffolgenden Monat von einem kastrierten Rüden. In beiden Fällen wehrte er sich – zur Enttäuschung seiner Besitzerin – nicht. Im zweiten Fall wurde er zudem nicht unerheblich verletzt. Ungefähr vier Wochen später wurde er von einem Mittelschnauzermix-Rüden ange-knurrt und griff daraufhin sofort an. Der Mittelschnauzer-Mix erlitt dabei einen Durchbiss im Bereich des Oberschenkels.

Die Besitzerin war froh, dass Max sich diesmal gewehrt hatte und selbst nicht verletzt wurde. Sie reagierte daher zunächst positiv und tadelte Max erst etwas später. Seit diesem Zwischenfall knurrt Max, wenn er nur von weitem einen anderen fremden Rüden sieht. Die Besitzerin steht auf Spaziergängen seither unter hoher Anspannung. Sie weicht anderen Hunden aus und versucht, Max zu beruhigen, sobald er knurrt. Das Ver-halten verschlechtert sich aber zunehmend: Max knurrt immer früher. Bisher ist es jedoch zu keinem weiteren Zwischenfall gekommen. Mit ihm bekannten Hündinnen spielt Max nach wie vor. Aber auch zu bekann-ten Rüden lässt ihn seine Besitzerin nicht mehr hin, obwohl Max vor die-sem Zwischenfall noch nie einen Hund verletzt hat.

Max ist ein an sich gut sozialisierter Hund, der im Umgang mit Fami-lienmitgliedern, fremden Menschen und unbekannten Orten sozial kom-petent ist. Auch mit Hunden hatte er bis zu den beiden unerfreulichen Ereignissen keine Probleme.

Die Tatsache, dass Max bei dem ersten Zwischenfall keine Verletzungen erlitten hat, spricht dafür, dass er sich richtig verhalten hat – obwohl das seiner Besitzerin nicht gefiel. Max' Verletzungen beim zweiten Mal deu-ten darauf hin, dass sein Angreifer sozial nicht besonders kompetent war und keine gute Beißhemmung hatte. Max hat also mit anderen Rüden sehr unangenehme Erfahrungen gemacht, obwohl sein eigenes Verhalten angemessen war: er hat sich in keiner Weise gewehrt.

Als ihn jetzt zum dritten Mal ein fremder Hund bedroht, ist seine Reak-tion massiv: er beißt richtig zu – und „gewinnt". Auch die spontane

Reaktion seiner Besitzerin ist nachvollziehbar, als Max sich zum ersten Mal selbst verteidigt: sie freut sich darüber, und zeigt das in der Situation auch. Erst später, als klar ist, wie stark der andere Hund verletzt worden ist, tadelt sie Max, aber auch das nur halbherzig.

Max hat aus diesen Erlebnissen eine Menge gelernt: es hat schlechte Folgen, wenn man still hält. Es lohnt sich, wenn man schnell richtig zubeißt: Ende der Auseinandersetzung, keine Verletzungen, Frauchen freut sich.

Das Gesamtresultat sieht so aus: Max hat mit fremden Rüden schlechte Erfahrungen gemacht – er wünscht keine Annäherung. Er signalisiert durch Knurren, dass er Abstand möchte. Seine Besitzerin fühlt dasselbe: auch sie wünscht keine Annäherung von fremden Rüden, da sie seit dem letzten Erlebnis weiß, dass Max im Zweifelsfall massive Verletzungen setzt.

Ihre gesteigerte Spannung wird in ihrer Stimme und gesamten Körperhaltung deutlich – auch für Max: Frauchen fühlt sich also ebenfalls nicht gut bei der Annäherung fremder Rüden. Ihre Nervosität überträgt sich auf Max – der ihr Verhalten nicht mit seinem eigenen Verhalten, sondern mit der Annäherung fremder Rüden in Verbindung bringt. Das verstärkt seine Unsicherheit. Er signalisiert noch schneller – und löst die Nervosität seiner Besitzerin noch früher aus. Diese versucht, nur allzu menschlich, ihren Hund zu beruhigen, sobald sie merkt, dass er sich anspannt und knurrt – und verstärkt dadurch sein Verhalten weiter.

Es handelt sich um angstbedingte innerartliche Aggression aufgrund negativer Erfahrungen, weiter verstärkt durch die unbeabsichtigt positive Verstärkung durch die Besitzerin. Die Wirkung des männlichen Geschlechtshormons Testosteron ist bei Max nicht ausschlaggebend für das Verhalten, mag aber bei den beiden ersten Zwischenfällen bei den Angreifern die zugrunde liegende Motivation gewesen sein. Damit das Verhalten sich in Zukunft nicht weiter verschlechtert, sollte Max bei „Krisensituationen" – d.h. wenn die Besitzerin einen anderen Hund in der Ferne sieht – freundlich und entspannt herangerufen, angeleint und an der Leine weitergeführt werden. Während er sich ruhig verhält, sollte er gelobt und belohnt werden. Wenn er knurrt, sollte das ignoriert werden. Jede Art von Einwirkung, sei es Beruhigen, Tadel, Leinenruck oder gar Schütteln am Nackenfell oder Ähnliches, sollte unterbleiben. Das würde die Annäherung von anderen Rüden noch unangenehmer machen und so eine weitere Verschlechterung der Situation verursachen. Bei Max wurde innerhalb von zehn Wochen durch eine Verhaltenstherapie erreicht, dass er sich über die Annäherung unbekannter Rüden freute anstatt zu drohen. Da Max sowieso schon sehr gut gehorchte, musste er nur lernen, dass bei der Annäherung anderer Hunde immer sein Tennisball, dem er förmlich verfallen war, in der Hand der Besitzerin auftauchte.

Während Max sehr schnell umlernte, dauerte es bei seiner Besitzerin viel länger, bis sie wieder davon überzeugt war, dass sie Max gut kontrollieren konnte. Erst als ihr Selbstbewusstsein wiederhergestellt war, konnte sie bei der Annäherung anderer Rüden entspannt bleiben.

Aggression zum Erwerb und zur Verteidigung von Ressourcen

Der Wettbewerb um Ressourcen, der schon innerhalb einer Familiengruppe und zwischen Tieren, die einander kennen, deutlich sichtbar ist, beeinflusst natürlich auch das Verhalten zwischen Tieren, die einander nicht kennen. Das Verhalten beruht neben der Anwesenheit einer Ressource auf den weiter vorn ausführlich beschriebenen grundlegenden Faktoren für aggressives Verhalten gegenüber unbekannten Artgenossen.

Das Bestreben, Ressourcen zu erwerben und in Besitz zu behalten, ist eine Grundvoraussetzung für das Überleben und daher sehr tief im Erbgut verankert. Nun müssen Hunde – es sei denn, sie leben frei und nicht unter menschlicher Obhut – nicht mehr für sich selbst sorgen. Zuständig dafür ist der Hundehalter. Er entscheidet sogar (meist), ob und mit welchem Partner Nachwuchs gezeugt werden darf. Das führt dazu, dass Menschen häufig nicht bewusst ist, in welchem Ausmaß diese grundlegenden Antriebskräfte das Verhalten ihrer Hunde lenken.

Wichtige Ressourcen

Im Prinzip können alle zum Überleben erforderlichen Ressourcen wie Futter, Wasser, ein Fortpflanzungspartner sowie ein Territorium, in dem der Nachwuchs ungestört und erfolgreich aufgezogen werden kann, eine Auseinandersetzung auslösen. Viele Rüden dulden keine anderen Rüden in der Nähe einer Hündin, mit der sie häufig zusammen spazieren gehen oder gar zusammenleben. Oder eine Hündin vertreibt fremde Hunde aus der Nähe ihrer Welpen. Aber auch **Wege** und **Durchgänge** können eine Ressource darstellen. So kann also ein Hund auf einer Brücke einem anderen Hund signalisieren, dass hier Durchgang verboten ist – der Andere darf die Brücke erst betreten, wenn sie wieder frei ist. Selbst ein Grasbüschel, das interessant riecht, kann eine wichtige Ressource darstellen, von der erst einmal die anderen ferngehalten werden. Auch **Spielzeug** ist natürlich eine wichtige Ressource. Hier nützt der menschliche Standpunkt „das ist der Ball von Xaver" nicht unbedingt, falls ein größerer Rüde Anspruch auf diesen Ball erhebt. Wenn Xaver das nicht akzeptiert, weil er diesen Ball liebt, kann um diesen Ball schnell eine Streiterei entbrennen. Nur wenn man sich der Wichtigkeit von Ressourcen bewusst ist, kann man unangenehmen Zwischenfällen vorbeugen. Es ist also nicht immer sinnvoll, für den eigenen Hund einen Ball oder ein Stöckchen zu werfen: damit könnte man leicht Spannungen und Auseinandersetzungen auslösen.

Der **Hundebesitzer** selbst stellt ebenfalls eine wichtige Ressource dar: er ist eine Quelle sozialer Zuwendung und versorgt den Hund mit allem Lebensnotwendigen. Ein Hund kann also auch versuchen, durch aggressives Display die Annäherung anderer Hunde an „seinen" Menschen zu verhindern. Das wird häufig als „Eifersucht" bezeichnet, von vielen Hundebesitzern als Zeichen von Zuneigung empfunden und daher geduldet und akzeptiert. In Wirklichkeit wird man als Ressource vereinnahmt – ungefähr wie ein Knochen – und überlässt dem eigenen Hund die Entscheidung darüber, mit wem man sich abgeben darf.

Der **Zugang zu Ressourcen** wird durch das Verhalten in der individuellen Situation geregelt. Jeder der Hunde möchte eigene Verletzungen vermeiden, und nimmt sie nur dann in Kauf, wenn die Ressource entsprechend wichtig ist. Aggressives Verhalten in Form von Displays gehört aus diesem Grund bei dem Aufeinandertreffen von einander unbekannten Hunden zur artgemäßen Kommunikation.

Anders als bei Rudelmitgliedern besteht jedoch kein grundlegendes Interesse daran, dass *der Andere* nicht verletzt wird.

Ernstkämpfe werden dann vermieden, wenn beide Konkurrenten ausreichende Fähigkeiten zur Kommunikation besitzen, wenn das Interesse an der Ressource nicht bei beiden gleich groß ist und wenn beide Konkurrenten sich nicht für gleich stark halten. Mangelnde Fähigkeiten zur Kommunikation, unabhängig von den Gründen dafür, können zu Missverständnissen führen und Kämpfe auslösen. Im Prinzip gilt auch hier, dass menschliches Eingreifen durch Strafe oder Ablenkung eines der Hunde den Anlass zur Zuspitzung der Lage geben kann, und dass sich die weitere Entwicklung des Verhaltens nach den damit gemachten Erfahrungen richtet. Aggressives Verhalten kann auch zur Verteidigung der „Ressource Territorium" gezeigt werden. So lassen manche Hunde einen fremden Hund nicht in „ihre" Wohnung oder „ihren" Garten. Grundsätzlich kann das Verhalten gegen jeden anderen Hund gerichtet werden, der dem zu nahe kommt, was immer ein Hund als sein eigenes Territorium betrachtet. Das mag Garten, Haus, Wohnung oder Auto sein. Manche Hunde betrachten auch das Gebiet, in dem sie spazieren geführt werden, oder den Grund und Boden, auf dem sich ihr Besitzer befindet, als Territorium. **Territorialverhalten** ist stark genetisch fixiert, d.h. die Bereitschaft, das Territorium zu verteidigen, ist bei manchen Hunderassen stärker ausgeprägt. Echtes Territorialverhalten tritt erst beim erwachsenen, sozial reifen Hund auf, ist also abhängig von Rasse und Geschlecht. Bei unsicheren und ängstlichen jungen Hunden, die sich leicht bedroht fühlen, löst natürlich die Annäherung eines fremden Hundes in ihrer heimischen Umgebung ebenfalls schnell aggressive Signale aus. Hier liegt dem Verhalten dann aber weniger die Verteidigung des Territoriums sondern Angst zugrunde.

Aggressives Verhalten gegenüber Menschen

Aggressives Verhalten gegenüber Menschen hat gerade in den letzten Jahren immer wieder Schlagzeilen gemacht. Es ist zutiefst erschreckend, wenn „der beste Freund des Menschen" völlig überraschend und scheinbar „ohne Grund" furchtbare Verletzungen verursacht oder gar zum Killer wird. Tragische Fälle, bei denen Menschen – insbesondere Kinder – schwer verletzt oder gar getötet werden, erwecken den Eindruck, dass von Hunden eine außerordentlich große Gefahr ausgeht.

In der **Schweiz** wurden alle Fälle von Hundebissen, die zwischen September 2000 und August 2001 in repräsentativ ausgewählten Arztpraxen und Krankenhäusern ärztlich versorgt wurden, im Hinblick auf Opfer und Art der Bissverletzungen analysiert. Danach waren 42 % der Opfer von einem fremden Hund gebissen worden, meist beim Versuch, eine Rauferei zu beenden. 24 % waren vom eigenen und 34 % von einem bekannten Hund gebissen worden, oft im Zusammenhang mit einer Interaktion mit dem Hund.

Die Untersuchung zeigte, dass Kinder weitaus mehr gefährdet sind, von einem Hund gebissen zu werden, als Erwachsene. Während Erwachsene eher an Armen, Händen und Beinen verletzt werden, tragen Kinder häufig Kopfverletzungen davon, die naturgemäß oft schwerere Folgen nach sich ziehen. Die meisten Verletzungen erfolgen, wenn sich die Kinder mit dem Hund beschäftigen (bei Kindern unter 4 Jahren waren das 82 % der Fälle).

In **Deutschland** werden bis heute Daten, die Klarheit darüber schaffen könnten, wie oft es überhaupt zu Zwischenfällen kommt, nicht systematisch gesammelt. Ebenso wenig werden bisher weder der Hergang von Beißzwischenfällen dokumentiert, noch durch genauere und wissenschaftlich fundierte Untersuchungen die zugrunde liegenden Ursachen ermittelt. Selbst bei Versicherungen, die Ursache, Hergang und Ausmaß in Schadensfällen erfassen, erfolgt anscheinend bisher keine Analyse von Hundebissverletzungen.

In den **USA** wurde in Zusammenarbeit von Wissenschaftlern der verschiedensten Regierungsbehörden[1] die durch Hundebisse verursachten aktenkundigen Todesfälle zwischen 1979 bis 1998 ausgewertet. Insgesamt wurden in diesem Zeitraum 238 Menschen getötet. An den tödlichen Attacken waren mindestens 25 verschiedene Rassen beteiligt. Welche Hunderassen überwiegend verantwortlich waren, änderte sich über die Jahre immer wieder.

In 227 Fällen standen ausreichend relevante Daten zur Verfügung, aus denen hervorging, dass bei den Angriffen:

- 24 % (55): Hunde außerhalb des Grundstücks des Hundehalters frei liefen,
- 58 % (133): Hunde auf dem Grundstück des Hundehalters frei liefen,
- 17 % (38): Hunde auf dem Grundstück des Hundehalters nicht frei liefen,
- < 1 % (1): Hund außerhalb des Grundstücks an der Leine waren.

Insgesamt stellten die für Menschen tödlichen Bissverletzungen nur einen geringen Prozentsatz der gesamten Beißzwischenfälle, und dieser Wert ist über die Jahre relativ konstant geblieben.

Dagegen ist die Anzahl nicht-tödlicher Bissverletzungen, die in den USA über die ärztliche Behandlung erfasst wird, da Hundebisse anzeigepflichtig sind, kontinuierlich und massiv angestiegen. Ganz offensichtlich besteht hier also Handlungsbedarf.

---

[1] From the Division of Unintentional Injury Prevention, National Center for Injury Prevention and Control, US Department of Health and Human Services, US Public Health Service, Centers for Disease Control and Prevention, 4770 Buford Hwy NE (MS K-63), Atlanta, GA 30341 (Sacks, Gilchrist); The Humane Society of the United States, 2100 L Street, NW, Washington, DC 20037 (Sinclair, Lockwood); and the Division of Education and Research, American Veterinary Medical Association, 1931 N Meacham Rd, Ste 100, Schaumburg, IL 60173 (Golab).

Grundsätzlich tritt aggressives Verhalten nicht ohne Grund auf. Außer wenn es durch organische Ursachen bewirkt wird, auf die in diesem Zusammenhang ganz absichtlich nicht näher eingegangen werden soll, gehen ihm im Allgemeinen Signale voraus. Man kann aber von **Nichthundebesitzern** nicht erwarten, dass sie sich Gedanken über Körpersprache und Mimik von Hunden machen, um Konfrontationen zu vermeiden. Das wäre allenfalls Sache des Hundehalters. Aber leider nehmen auch Hundebesitzer häufig entsprechende Signale nicht wahr oder deuten sie einfach falsch. Auch Anzeichen, die ankündigen, dass die Entwicklung eines Hundes eine unerwünschte Wendung nimmt, werden oft nicht wahrgenommen oder verharmlost.

Aggressives Verhalten bei Hunden kann unter anderem danach eingeteilt werden, gegen wen es gerichtet ist, z.b. gegen Kinder, gegen Familienmitglieder, gegen unbekannte oder bekannte Menschen.

Aggression gegen unbekannte Menschen

Die häufigste Ursache für aggressives Verhalten unbekannten Menschen gegenüber besteht in mangelhafter Sozialisierung mit Menschen. Hunde, die während der Sozialisationsphase nicht ausreichend Kontakt mit allen möglichen unterschiedlich aussehenden Menschen hatten, empfinden Angst beim Anblick und der Annäherung fremder Menschen. Daher versuchen sie alles, um Abstand herzustellen, wenn fremde Menschen in ihre Nähe kommen.

Da viele Hunde, vor allem Angehörige größerer Rassen, aus gutem Grund nicht in der Stadt gezüchtet werden, sind sie denkbar schlecht vorbereitet auf ein Leben inmitten zahlloser Menschen, die außerordentlich verschieden aussehen können. Welpen können schon von Anfang an auffallend ängstlich reagieren. Das wird jedoch meist vom Hundehalter nicht ernst genommen. Es ist ja für Menschen nachvollziehbar, dass dieses junge Lebewesen in der neuen ungewohnten Umgebung unsicher ist. Also tröstet man sich damit, dass der Kleine sich mit zunehmender Zeit schon an alles Neue gewöhnen wird. Wenn der Hundebesitzer dann wahrnimmt, dass das leider nicht geschieht, ist schon kostbare Zeit verstrichen, die unwiderruflich verloren ist.

Wenn ein Hund offensichtlich **Angst vor Männern** hat, so wird gern angenommen, dass dahinter schlechte Erfahrungen mit Männern stecken. Das ist zwar sicherlich in manchen Fällen zutreffend, aber weitaus häufiger ist die Ursache in zu wenig oder keiner Erfahrung mit Männern zu suchen. Zudem sind Männer aufgrund ihrer Statur und Stimme von vornherein für Hunde beeindruckender – also sind Hunde Männern gegenüber vorsichtiger.

Aggression in Zusammenhang mit Schreckreaktionen

Es gibt außerdem bei Hunden nach der Pubertät, meist im Alter zwischen sechs bis neun Monaten, eine Phase in der Entwicklung, in der sie wieder besonders schreckhaft reagieren können. Wenn man die gesamte Entwicklung von Hundeartigen, die nicht in menschlicher Obhut leben, in Betracht zieht, ist das sehr sinnvoll. Tiere in diesem Alter fangen nämlich an, sich weiter von der Gruppe zu entfernen, und da ist es sicherlich lebensverlängernd, wenn man *allem Unbekannten* mit größter Vorsicht begegnet.

Häufig kommen solche plötzlichen Schreckreaktionen für den Hundebesitzer völlig unerwartet. Schon eine ungewohnte Haar- oder Hautfarbe, oder außergewöhnliche Bewegungsabläufe wie z.B. Hinken oder ein Gehen mit Krücken können übermäßige Angstreaktionen auslösen. Dasselbe gilt für auffallende Kleidung, insbesondere dunkle Sachen, wallende oder flatternde Mäntel und auch Hüte oder seltsame, vor allem umfangreiche und dunkle Haartrachten.

Wenn ein solches Erlebnis stattfindet, wenn der Hund nicht an der Leine ist und sich in einer Umgebung befindet, in der eine Fluchtreaktion ungefährlich ist, kann er sich in dieser Krisensituation artgemäß verhalten: erst Abstand herstellen und sich dann langsam und vorsichtig annähern, eventuell mit Herrchens oder Frauchens Unterstützung. Der Hundebesitzer sollte in diesem Augenblick jedoch gewarnt sein: das Angstverhalten zeigt, dass hier rechtzeitig gegengesteuert werden muss.

Hunde an der Leine können jedoch nicht fliehen. Das beeinträchtigt ihre Reaktionsmöglichkeiten: sie können nur erstarren oder durch aggressives Display versuchen, ihr Gegenüber auf Abstand zu halten. Der Hundehalter selbst erschrickt, oder schämt sich für das Verhalten seines Hundes, und reagiert dementsprechend. Die üblichen menschlichen Reaktionen wiederum verstärken leider das unerwünschte Verhalten. Zum einen überträgt sich der Schreck wieder auf den Hund – und diese **Stimmungsübertragung** verstärkt zusätzlich die Unsicherheit des Hundes. Der fast zwangsläufig erfolgende Leinenruck ist unangenehm oder wirklich schmerzhaft – das verbessert die Grundstimmung keinesfalls. Noch etwas ist nicht allgemein bekannt: es gibt im Bereich der Halsschlagader ein Meldesystem, das dem Gehirn Informationen über den Blutdruck liefert. Hochdruck verstärkt automatisch aggressives Verhalten. Wenn das Halsband sich eng an den Hals legt, steigt natürlich in diesem Bereich der Blutdruck und damit die Tendenz zur Aggression. **Beruhigungsversuche** wirken auf den Hund wie ein Lob für erwünschtes Verhalten. Eine Strafe wiederum kann ein Verhalten, das auf Angst beruht, auch nur weiter verstärken. In manchen Fällen gelingt es, den Hund durch eine Strafe so zu beeindrucken, dass die aggressiven Signale unterbleiben. Aber auch das ist nicht wünschenswert: das Grundgefühl, nämlich die Angst, wird nicht geringer, sondern eher verstärkt, aber der Hund signalisiert nicht mehr, dass er sich nicht wohl fühlt. Das könnte dann letztendlich einen Angriff zur Folge haben, der nicht durch vorhergehende Signale angekündigt wird, weil dieser Hund gelernt hat, dass eine deutliche aggressive Kommunikation ihm nur zum Nachteil gereicht.

Hunde können bei der **Annäherung einer sie beunruhigenden Person** mit Bellen, Knurren, Haare sträuben und auch Schnappen reagieren. Je unsicherer ein Hund ist, desto früher erfolgt diese Reaktion. Die ganze Palette möglicher Verhaltensweisen kann aus der sicheren Deckung von Herrchens oder Frauchens Beinen erfolgen, aber auch durchaus an der gestreckten Leine vor dem Besitzer. Dabei kann es sich „nur" um Drohen handeln – der Hund zieht sich bei weiterer Annäherung, oft auch bellend, zurück. Oder aber es erfolgt bei weiterer Annäherung ein Angriff. Das wiederum richtet sich nach dem individuellen Hund und seinen vorhergehenden Erfahrungen. Es ist nicht möglich, hier von vornherein sichere Vorhersagen zu treffen. Auf jeden Fall ist jedoch die weitere Entwicklung des Verhaltens abhängig von den damit einhergehenden Erfahrungen.

Eine sehr unglückliche Zusammenwirkung entsteht dadurch, dass Hunde sich durch direktes Anstarren selbst bedroht fühlen. Ein Hund also, der sich aus Unsicherheit entsprechend laut gebärdet, erregt natürlich Aufmerksamkeit und lenkt die Blicke auf sich – und seine Unsicherheit und damit sein unerwünschtes Verhalten nehmen zu.

Menschen, die Angst vor Hunden haben, versuchen im Allgemeinen, einen Hund, dem sie begegnen, im Auge zu behalten: Sie starren ihn an und oft bewegen sie sich zusätzlich noch ganz vorsichtig. Das alles sind Signale, die für einen Hund einen Angriff signalisieren. Also fühlt er sich selbst bedroht und reagiert entsprechend, häufig wieder nach dem Motto: Angriff ist die beste Verteidigung.

Aggression in Zusammenhang mit Ressourcen

Die Verteidigung von Ressourcen kann auch gegenüber unbekannten Menschen aggressives Verhalten auslösen. Dabei kann aggressives Verhalten durch jeden provoziert und gegen jeden gerichtet werden, der dem zu nahe kommt, was immer ein Hund als Ressource betrachtet. Das gilt natürlich auch für die Verteidigung der Ressource „Territorium". Vielen Menschen ist das für den Bereich Grundstück und Wohnung durchaus bewusst. Für viele ist es sogar ein angenehmes Gefühl, wenn ihr Hund Besucher durch Verbellen ankündigt. Aber ein Hund kann z.b. auch einen neuen Besuch völlig entspannt ins Haus lassen, um dann plötzlich – für die Menschen völlig überraschend – mit Drohverhalten zu reagieren, wenn der Besuch sich einem bestimmten Bereich nähert, den der Hund als Territorium betrachtet. Angriffe sind möglich, wenn das aggressive Display nicht genügt, um ausreichend Abstand herzustellen.

Territoriales Verhalten besitzt eine starke angeborene Komponente. Besonders auffallend sind hier Herdenschutzhunde. Je selbstsicherer ein solcher Hund ist, desto überraschender kommt es für den Hundehalter, wenn der Hund, sobald er voll erwachsen ist, auf einmal Besuchern gegenüber kritisch reagiert und entscheidet, wer auf das Grundstück und ins Haus darf. Auch für Territorialverhalten gilt, dass Angst aufgrund von mangelhafter Sozialisation die allgemeine Reaktionsbereitschaft und damit die Bereitschaft zu aggressivem Verhalten erhöht.

Mütterliche Aggression

Die Verteidigung von Welpen gegen Bedrohungen ist hormonell bedingt. Es versteht sich von selbst, dass das entsprechende Verhalten durch unbekannte Personen schneller ausgelöst werden kann als durch bekannte und/oder befreundete Personen.

Eine hormonell ähnliche Situation besteht bei Hündinnen während der Scheinträchtigkeit und kann zur Verteidigung von angesammeltem Spielzeug oder anderen Gegenständen führen.

Aggression gegenüber bekannten Menschen

Bei den in den Medien dargestellten Fällen von aggressivem Verhalten handelt es sich häufig um Zwischenfälle, in denen Menschen von Hunden verletzt werden, mit denen sie nie zuvor Kontakt hatten. Tatsächlich betreffen jedoch weit mehr Beißzwischenfälle Personen aus dem Umfeld des Hundes, also dem Hund bekannte Menschen, oder gar enge Bezugspersonen. Viele Menschen nehmen Signale, die eine angespannte Situation ankündigen, nicht wahr. Manche kennen diese Signale überhaupt nicht, andere gehen mit ihnen bekannten Hunden so selbstverständlich um, dass sie nicht darauf achten. Auch können Hunde, wenn sie mit einer Person erst einmal „schlechte" Erfahrungen gemacht haben, misstrauisch und ablehnend werden. Dabei muss man berücksichtigen, dass hier ausschlaggebend ist, *was der Hund als „schlecht" empfindet*.

Dieser beim Fressen gestörte Wolf würde seine Ressource nicht kampflos aufge-
ben. Das zeigen Drohfixieren und die kurzen, runden Mundwinkel deutlich.

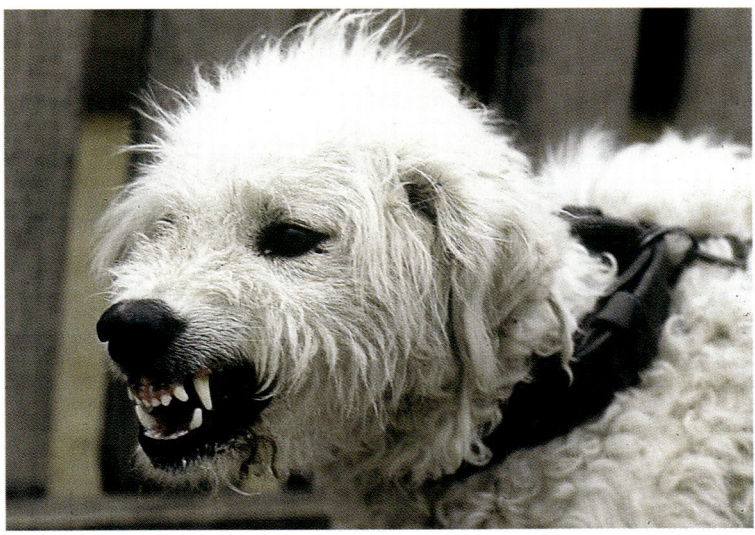

Selbstsicheres Drohen an der Leine.

Geduckter und abgewendeter Kopf: bitte tu mir nichts!

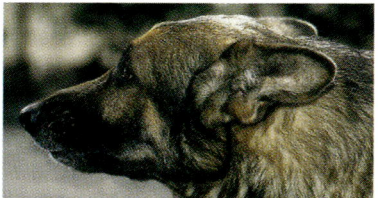

Aufmerksamer Blick nach oben in das Gesicht des Menschen: auch so kann eine Begrüßung aussehen – aber das muss man erst lernen.

Zurückgelegte Ohren, angespannte Gesichtsmuskulatur: Stressgesicht bei einem Schäferhund.

Während der vordere Rüde den anderen selbstbewusst inspiziert und dabei seine Rute hoch trägt und sogar auf sein Gegenüber richtet, deuten dessen nur im letzten Drittel auf den anderen zeigende Rute und die etwas eingeknickten Gelenke auf weniger Selbstsicherheit hin.

Das betrifft z.B. den **Tierarzt**. Nicht alle Hunde freuen sich, den Tierarzt zu sehen. In einer Tierarztpraxis geschehen nun einmal immer wieder Dinge, die unangenehm oder schmerzhaft sind. Selbst ein Hund, der in eine noch nie zuvor betretene Praxis kommt, erkennt den Geruch. Dieser allein kann Angst auslösen. Jeder, der selbst schon in einem Krankenhaus unangenehme Erfahrungen gemacht hat, kennt das. Der typische Krankenhausgeruch löst das Gefühl von damals aus. So reichen schlechte Erfahrungen aus, damit ein Hund sich bedroht fühlt, nur, weil er die Praxis betritt. Wenn dann noch der Tierarzt immer näher kommt und kein Rückzug möglich ist, kann das zu Abwehrversuchen führen.

Fallbeispiel 7

Ich erinnere mich an einen Kollegen, der eine derartige Erfahrung mit einem vier Monate alten Riesenschnauzer machte, den er schon früher behandelt hatte. Hund und Besitzer saßen im Wartezimmer, als der Tierarzt aus dem Sprechzimmer herauskam, um die beiden zur Behandlung zu holen. Als der Hundebesitzer aufstand, um ins Behandlungszimmer zu gehen, stand der junge Hund zwar auf, blieb dann aber wie angewurzelt stehen und weigerte sich, mitzukommen. Weder aufmunternde Worte des Hundehalters noch des Tierarztes verbesserten die Situation. Also beugte sich der Tierarzt zu dem scheinbar ganz ruhig dastehenden Hund, fasste nach ihm und wurde im selben Moment gebissen. Später berichtete er mir empört, dass dieser Hund ihn ohne Grund und ohne jede Warnung gebissen hätte – aber ich konnte seine Meinung nicht teilen. Dieser Hund hatte sehr deutlich gezeigt, dass er sich nicht wohl fühlte. Erst als trotz Erstarrung zur Bewegungslosigkeit sich die Bedrohung weiter annäherte, hatte er reagiert. Die Schwierigkeit bestand darin, dass es sich beim Riesenschnauzer um einen schwarzen Hund mit längerem Haar handelt: da ist es nicht einfach, feine Signale zu erkennen. Bei dunklen Augen sind große aufgerissene Pupillen nicht leicht zu sehen, genauso wenig ist aufgrund der Behaarung die Muskelspannung sichtbar. Man hätte sich also nur am Erstarren orientieren können, und vielleicht an der beschleunigten Atmung. Damals bot noch nicht einmal die Schwanzhaltung Hinweise – der Hund war kupiert!

Aber auch ohne vorhergehende schlechte Erfahrungen ist das Verhalten des Tierarztes wie geschaffen, bei Hunden Angst auszulösen. Er schaut sich seinen Patienten genau an – das wirkt bedrohlich. Er beugt sich über ihn, das ist für einen Hund von vornherein beunruhigend. Berührungen im Nacken- und Schulterbereich werden ebenfalls als Bedrohung empfunden. Dasselbe gilt für das Heben auf den Tisch. Außerdem gibt es keine Fluchtmöglichkeiten. Zu allem Überfluss sind auch viele Hundebesitzer beim Tierarzt besorgt: es geht ihrem Hund nicht gut. Viele fürchten von vornherein, dass sich Rex oder Carlo nicht perfekt benehmen wird. Also wird auch über eine Stimmungsübertragung die Unruhe beim Hund weiter geschürt. Es ist deshalb keinesfalls erstaunlich, wenn Hunde in dieser Situation versuchen, über Drohsignale Abstand herzustellen. Dabei handelt es sich nicht um eine Frage der Dominanz, sondern um – letztendlich in vielen Fällen begründete – Angst.

Wenn ein Hund während einer schmerzhaften Untersuchung tatsächlich zubeißt, handelt es sich meist um einen Reflex. Hier erfolgt das Verhalten automatisch, der Hund hat in Wirklichkeit in diesem Augenblick gar keine Wahl. Dabei kann einfach derjenige gebissen werden, der am besten erreichbar ist, also auch der Besitzer. Viele Menschen sind überzeugt, dass ihr Hund sie niemals beißen würde. Das trifft aber allenfalls dann zu, wenn ein Hund in einem solchen Augenblick auch eine bewusste Entscheidung treffen kann. Für Verhalten, das wie ein Reflex ausgelöst wird, gilt das nicht. Wir alle wissen um den Schlag mit dem Hämmerchen auf das Knie: das Bein zuckt, ob man das will oder nicht.

Bei **schmerzhaften Manipulationen** muss also prinzipiell mit der Möglichkeit von derartigen Reaktionen gerechnet werden. Deshalb ist es empfehlenswert, mittels eines Maulkorbes oder indem man das Maul zubindet, ernsthaften Beißzwischenfällen vorzubeugen. Das sollte man auch grundsätzlich beim Anfassen eines verletzten Hundes bzw. überhaupt bei der Rettung eines verletzten Tieres berücksichtigen. Auch hier wird die Reaktionsbereitschaft durch Angst gefördert. Mangelhaft sozialisierte Tiere haben eher Angst

und reagieren, wenn keine Flucht möglich ist, schneller mit Ab-
und Gegenwehr.

Aggression gegenüber Familienmitgliedern

Es ist ganz erstaunlich, wie viel sich viele Menschen von ihrem
Hund gefallen lassen. So kam z.b. die Besitzerin von Mick, einem
Dackel-Spanielmischling, in regelmäßigen Abständen mit einem
Verband um die Hand zu mir in die Praxis, um Micks Ohrenent-
zündung behandeln zu lassen. Mick hatte dann wieder einmal
gezeigt, dass er Ohrenschmerzen hatte, indem er seine Besitzerin
beim Streicheln seines Kopfes gebissen hatte. Sie verzieh ihm das
immer wieder großmütig. Er hatte Schmerzen, und sie nahm ihm
nicht übel, dass er auf des Berühren des Kopfes so reagierte. Im Allgemeinen waren dann nach ungefähr zwei Wochen Besitzerin und
Hund gleichzeitig wieder geheilt.

Oder Alfons, ein eigentlich sehr liebenswürdiger Yorkshire Terrier,
der mit Herrchen und Frauchen im Bett schlafen durfte. Aber wenn
einer seiner Menschen nachts das Bett verließ, konnte er nicht ohne
weiteres wieder ins Bett zurück – Alfons gebärdete sich wie eine
Furie.

Es gibt unzählige derartige Geschichten. Daraus wird vor allem deutlich, dass in erster Linie die Hundehalter selbst und deren gesamte
Familie durch aggressives Verhalten bei Hunden betroffen sind.

Funktion des Hundes in der Familie

Hunde werden aus den verschiedensten Gründen angeschafft.
Abgesehen von den Fällen, wo ein Hund eine ganz bestimmte Leistung erbringen soll, erfolgt der Hundeerwerb selten genau durchdacht. Meist beruht er auf emotionalen Gründen. Viele Hunde werden unüberlegt zu Weihnachten erworben, oder weil sie einem Leid
tun. Die Auswahl erfolgt vor allem anhand optischer Merkmale.

Ein Hund kann einfach ein Sportgerät sein, mit dessen Hilfe sich
der Halter profilieren will und das Leistung zu bringen hat. Er kann
aber auch Gefährte und Partner beim Sport sein, er kann zum

Lebensunterhalt oder zur Gesundheit beitragen. Blindenführhunde oder Servicehunde ermöglichen ihren Menschen ein besseres Leben. Ein Hund kann Schutz bieten, Prestige verleihen oder als „Underdog" eine Möglichkeit der Machtausübung verschaffen. Er kann Sozialpartner und Lebensgefährte sein, oder ein Mittel, um Kontakte herzustellen. Diese Funktionen können von Mensch zu Mensch wechseln, aber natürlich auch in Abhängigkeit zur Zeit: ein Hund kann seinem Menschen beim Spaziergang im Dunkeln Schutz bieten, morgens beim Joggen Gefährte beim Sport sein, und am Abend vor dem Fernseher auf dem Sofa ein angenehmer Kuschelpartner, der sich nicht über das Programm beschwert. So hat schon die Beziehung zwischen einem alleinstehenden Hundehalter und seinem Hund außerordentlich viele Facetten.

Noch verwirrender wird das Ganze in einer Familie. Hier ist das Beziehungsgeflecht zwischen einem Hund und den einzelnen Mitgliedern einer Familie entsprechend komplexer. Unabhängig davon, warum ein Hund ursprünglich angeschafft worden ist, entwickeln sich zwischen den einzelnen Familienmitgliedern und dem Hund die verschiedensten Beziehungen. Der Hund nimmt bei jedem Familienmitglied einen anderen Platz ein, und umgekehrt hat auch für den Hund jedes einzelne Familienmitglied eine andere Bedeutung. Zusätzlich können sich die Schwerpunkte in jeder einzelnen dieser Beziehungen je nach Zeitpunkt verschieben. Für Menschen ist es ganz selbstverständlich, ihrem Hund die verschiedensten Funktionen abzuverlangen und die unterschiedlichsten Rollen zuzuordnen.

Viele Hunde kommen mit diesem kaum überschaubaren Beziehungsgeflecht erstaunlich gut zurecht. Für andere ist es jedoch so verwirrend, dass ihre Anpassungsfähigkeit überfordert ist. Das kann dann neben einer ganzen Reihe anderer Verhaltensauffälligkeiten auch zu aggressivem Verhalten führen.

Ursache und Auslöser für aggressives Verhalten

Man muss zwischen den Ursachen für aggressives Verhalten und den Auslösern unterscheiden. Die Ursache ist in der Mehrzahl der

Fälle darin zu suchen, dass die Hunde sich ihrer Position in ihrer Familiengruppe nicht sicher sind: die Hierarchie/Rangordnung ist nicht klar. Das führt zu Stress und Unsicherheit. Solche Tiere fühlen sich schnell in ihrem Rang und damit in ihrem Zugang zu Ressourcen bedroht und sind infolgedessen leicht zu aggressivem Verhalten zu provozieren.

Auslöser des aggressiven Verhaltens kann jede attraktive Ressource sein: ein Schlafplatz, andere bevorzugte Liegeplätze wie Durchgänge, Spielsachen oder Futter. Hunde können außerdem lernen, Gegenstände als Ressource zu sehen, die sie in der Wohnung „gefunden" haben. Insbesondere Gegenstände, die der Mensch unbedingt wiederhaben möchte, können so eine unerwünschte Wichtigkeit im Zusammenleben gewinnen, z.b. Schuhe oder Unterwäsche. Eine Verknüpfung mit irgendetwas Beliebigem, das in einer früheren derartigen Situation anwesend war, kann ebenfalls dazu führen, dass dieser Gegenstand, diese Person, dieses Wort oder dieser Geruch ganz allein aggressives Verhalten auslösen kann.

Fallbeispiel 8

Paul, ein Rauhaardackel, hatte angefangen zu knurren, sobald ihm sein Frauchen seinen vollen Futternapf hingestellt hatte. Sie hatte so darauf reagiert, wie es von Hundetrainern und in unzähligen Hundebüchern immer wieder empfohlen wird: sie hatte ihn dafür bestraft. Das hatte jedoch das Verhalten keineswegs verbessert, sondern nur weiter verschlechtert. Inzwischen war es soweit, dass Paul schon beim Anblick des Napfes knurrte, sobald dieser aus dem Schrank geholt wurde. Man hatte seither das Problem vermieden, indem der Futternapf für Paul fertig gemacht und auf den Boden gestellt wurde. Paul durfte erst dann in die Küche, wenn alle die Küche verlassen hatten. Der Versuch, hier grundlegend etwas zu ändern, wurde durch einen unglücklichen Zufall ausgelöst. Eins der Enkelkinder spielte mit der Hundeschüssel, als Paul von seinem Spaziergang zurückkam, und wurde heftig bedroht. Paul war zum Glück an der Leine gewesen, das hatte Ernsthafteres verhindert. Die Diagnose ergab, dass allein der Anblick der leeren Futterschüssel genügte, um bei Paul Drohverhalten auszulösen. Paul hatte die Erfah-

rung gemacht, dass sein Frauchen sich in Anwesenheit der Futterschüssel aggressiv verhielt: er war ja in einer solchen Situation des Öfteren bestraft worden. Nun hätte man eigentlich erwartet, dass der Auslöser für das Verhalten Futter war, also dass Paul in der Anwesenheit von Futter aggressiv reagierte. Das war vielleicht auch die ursprüngliche Ursache gewesen. Aber von dem Augenblick an, als Paul aus einer weißen Porzellanschüssel gefüttert wurde und nicht mehr aus der Edelstahlschüssel, gab es von Aggression nicht mehr die geringste Spur. Das Verhalten hatte sich verselbständigt, die Futterschüssel allein war zum Auslöser für das aggressive Verhalten geworden.

Die Intensität des aggressiven Verhaltens bei Hunden gegenüber Familienmitgliedern umfasst die gesamte Palette von Knurren bis zu schwersten Bissverletzungen, die sogar tödlich enden können. In diesem Zusammenhang fällt immer wieder die Bezeichnung **Dominanzaggression**, weil ein Hund, der Ressourcen verteidigt, dominant erscheint. Dabei geht man davon aus, dass es sich bei einem „dominant-aggressiven" Hund um einen selbstsicheren Hund handelt, der nicht akzeptieren will, dass seine Menschen ranghöher sind als er selbst, und der seine Macht und seinen Rang demonstriert. Dabei handelt es sich jedoch um einen folgenschweren Irrtum.

Aufbau von Vertrauen

Wir Menschen möchten von Hunden vor allem zwei Dinge: einerseits Nähe und „Liebe", andererseits die Anerkennung als „Alphatiere". Wölfe und Hunde signalisieren sich jedoch gegenseitig ihre Achtung unter anderem, indem sie dem Ranghöheren Platz machen, ihm ausweichen und respektvoll Abstand halten. Nähe und Respekt sind daher nicht automatisch miteinander vereinbar und selbstverständlich. Damit Hunde zuverlässig die menschliche Nähe ertragen bzw. sogar genießen können, brauchen sie ein entsprechendes Grundvertrauen. Dazu müssen Menschen für Hunde berechenbar und überschaubar, sozusagen vertrauenswürdig sein. Hunde machen aber häufig die Erfahrung, dass das nicht der Fall ist. Einerseits sind schon ganz normale menschliche Verhaltensweisen für Hunde bedrohlich. Frontal annähern, Hunde längere Zeit anschauen (anstarren), sich über sie beugen, Berührungen im Nacken- und Schulterbereich, – das alles löst bei Hunden Angst aus. Sie reagieren darauf deutlich und zeigen Menschen gegenüber fortlaufend Beschwichtigungssignale, z.b. durch Abwenden des Kopfes oder der Augen oder schnelles Über-die-Nase-Lecken. Welpen legen sich bei einer „freudigen" Begrüßung oft auf die Seite oder den Rücken, präsentieren den Bauch und verlieren sogar ein paar Tröpfchen Urin. Dieses Verhalten kann auch länger beibehalten werden, so dass Hunde noch im Alter von mehreren Monaten bei einer intensiven Begrüßung Urin absetzen können. Bei anderen Hunden wirkt dieses Verhalten als Beschwichtigung. Bei Menschen dagegen löst es früher oder später Abscheu, Tadel und Schimpfen aus. Das führt dann zu verstärkten Beschwichtigungsversuchen auf Seiten des Hundes – mit noch mehr Urin – und entsprechend mehr Ärger bei den Menschen. Das Vertrauensverhältnis und damit die Beziehung zwischen Hund und Mensch leidet.

Auch die Erziehung zur **Stubenreinheit**, indem man die Nase des Welpen in das Geschäft stupst oder ihn am Nackenfell schüttelt, hat vor allem eins zur Folge: Misstrauen gegenüber einer menschlichen Hand, die sich dem Nacken- oder Oberkopfbereich nähert.

Gegenstände aufnehmen und untersuchen Für Welpen besteht die ganze Welt aus Dingen, die man ins Maul nehmen kann. Wenn ein Welpe einen Gegenstand mit Maul und Zähnen untersucht oder davonträgt, so löst das beim Halter unterschiedliche Reaktionen aus. Je nachdem, wie wertvoll der Gegenstand ist und wie weit die Untersuchung desselben durch den Welpen gediehen ist, kann das Verhalten Lachen oder eine Jagd auslösen, zu Wut und/oder Strafe = aggressivem Verhalten beim Menschen führen. Das geht dann etwa folgendermaßen vonstatten. Der Besitzer sieht, dass sein junger Hund einen Gegenstand im Maul hat. Er will wissen, was es ist, es entwickelt sich eine Jagd – der Gegenstand wird gerettet. Ein alter Schuh, kein Grund zur Aufregung. Man lacht. Noch ist es für keinen von beiden eine ernste Sache. Der Hund lernt: ein Gegenstand bedeutet, man schenkt ihm Aufmerksamkeit – wie schön, ein

Jagdspiel! Also passiert das Ganze wieder – und irgendwann ist es auf einmal etwas Wichtiges, etwas Wertvolles, was der Welpe im Fang hat. Jetzt wird der Mensch wütend, die Jagd ernst. So geht das nicht, der Welpe muss lernen, dass er das nicht darf. Der Gegenstand wird dem Hund weggenommen. Das Verhalten dabei ist, je nach Mensch, unterschiedlich: von Schimpfen über grobes Wegnehmen bis hin zum Schütteln am Nackenfell oder auf den Rücken werfen ist alles möglich. Es dauert nicht lange, bis ein Welpe gelernt hat: wenn er etwas im Maul hat, oder wenn ein Gegenstand auf dem Boden liegt, dann reagiert sein Mensch unberechenbar. Dann ist es sicherer, auf Abstand zu gehen.

Als Reaktionsmöglichkeiten stehen dem Welpen die bekannten 4 F zur Verfügung. Was tatsächlich passiert, richtet sich nach seinen vorhergehenden Erfahrungen und danach, wie sehr er sich bedroht fühlt. Bei vielen Menschen jedoch löst in einem solchen Moment *jede Reaktion* des Welpen oder jungen Hundes aggressives Verhalten aus, insbesondere, wenn der entwendete Gegenstand wertvoll und/oder beschädigt ist. Wenn der Welpe wegrennt und versucht, sich zu verstecken, so wird er, wenn möglich, eingefangen oder hervorgezerrt und bestraft. Erstarren und Beschwichtigungsgesten werden als **Schuldbewusstsein** interpretiert: er weiß, was er getan hat, er hat es trotzdem gemacht, er hat eine Strafe verdient. Wenn der Welpe oder der junge Hund, in die Ecke getrieben, so viel Angst hat, dass er Abwehrverhalten in Form von Knurren, Schnappen oder gar Beißen zeigt, dann kommen als *menschliche* Reaktionen ebenfalls die 4 F in Frage. Was genau erfolgt, beruht wie beim Hund auf den individuellen Eigenschaften und Erfahrungen des betreffenden Menschen. Manche erstarren oder ziehen sich zurück, aber in vielen Fällen geht es dem Welpen jetzt erst recht an den Kragen. Er hat seinen Herrn angegriffen, da muss man hart durchgreifen und ein Exempel statuieren. Häufig ist dabei die gegenüber Welpen und jungen Hunden eingesetzte Gewalt völlig unangemessen. Wir Menschen sind ihnen an Größe und Körperkraft nun einmal weit überlegen.

Ein weiteres Beispiel für ein Missverständnis ist das **Hochspringen**. In dem Zeitraum, in dem bei Wolfswelpen und Hundewelpen die

Umstellung von Muttermilch auf anderes Futter erfolgt, können die Welpen durch Anstupsen und Lecken am Mundwinkel der Mutter das Erbrechen von Futter auslösen. Dieses angedaute Futter nehmen die Welpen dann auf. Aus diesem Verhalten hat sich eine Geste der so genannten aktiven Unterwerfung entwickelt. Der Anstupsende signalisiert durch Anstupsen oder Belecken der Mundwinkel gewissermaßen, dass er ein Kind ist und entsprechend „pfleglich" behandelt werden möchte.

Hunde versuchen, dieses Verhalten auch Menschen gegenüber zu zeigen. Dazu müssen sie hochspringen: unsere Mundwinkel sind nun einmal in ungefähr 1,50 m Höhe. Solange Welpen noch klein sind, reagieren die meisten Menschen auf Hochspringen, indem sie sich hinunterbeugen und mit dem Welpen freundlich Kontakt aufnehmen. Das führt dazu, dass das Verhalten immer öfter gezeigt wird – es wird ja belohnt. Ab einer bestimmten Größe des Hundes wird das Verhalten aber unangenehm – nicht nur für fremde Personen, sondern auch für die meisten Hundehalter. Für diese Situation werden im Allgemeinen eine Reihe von Abwehrmethoden empfohlen, die dem Hund das Hochspringen verleiden sollen. Meist sind sie wenig wirksam, und das aus gutem Grund. Je abwehrender und strenger der Mensch reagiert, desto wichtiger ist es für den Hund, seine angeborenen Beschwichtigungssignale zu zeigen. Der Hund springt mehr – und die menschlichen Gegenreaktionen werden immer unfreundlicher. Ein Verhalten, das für Hunde völlig unverständlich ist. Dabei ist es ganz einfach, das Verhalten in die richtigen Bahnen zu lenken. Dazu sollte der Welpe von Anfang ignoriert werden, solange er hochspringt (nicht anfassen, nicht ansprechen und nicht ansehen. Auch keinesfalls lachen!). Sobald er sich verblüfft hinsetzt und erstaunt versucht, Blickkontakt aufzunehmen, beugt man sich hinab und belohnt ihn – möglichst nicht nur durch Zuwendung, sondern auch durch ein Lecker.

Aufbau von Distanz

Ein großer Teil der Hundebesitzer nimmt die feineren Signale, die ankündigen, dass ein Hund Distanz herstellen möchte, nicht wahr.

Auch das kann ein Weg in die Aggression werden. Da die Hundebesitzer daher nicht darauf reagieren, werden manche Hunde
dazu gedrängt, massiver zu werden. Für den Besitzer wird oft erst
klar, dass überhaupt etwas in Gang ist, wenn aus Blicken schon
Knurren oder gar Schnappen geworden ist. Der Besitzer weicht
zurück, der Hund hat den Zugang und den Besitz von Ressourcen
oder seine körperliche Unversehrtheit gesichert. Aus diesem Erfolg
lernen Hunde, für sie kritische Situationen durch aggressives Verhalten zu bewältigen. Das Verhalten wird immer schneller eingesetzt, durch dauerndes Üben fortlaufend perfektioniert und damit
erfolgreicher. Bald sind die Anzeichen der zugrunde liegenden
Angst und Unsicherheit, wenn überhaupt, nur in Sekundenbruch-
teilen sichtbar.

Hunde machen also einerseits die Erfahrung, dass ihre Menschen
im täglichen Leben immer wieder signalisieren, dass sie den Hund
als ranghoch akzeptieren. Andererseits lernen Hunde aus vielen
täglichen Erlebnissen, dass von ihrem Familienmitglied Mensch
feine Signale nicht wahrgenommen werden, dass Beschwichtigungssignale nicht wirken, und dass Menschen launenhaft und
außerordentlich gefährlich sein können. Menschen reagieren in
manchen Situationen so aggressiv, dass ein Hund, insbesondere
ein junger Hund, den Eindruck gewinnen muss, sein Leben sei in
Gefahr. Viele nur allzu menschliche Reaktionen führen dazu, dass
Menschen für Hunde völlig unberechenbar erscheinen müssen.
Der Hundehalter ist im Allgemeinen durch gegen ihn gerichtetes
aggressives Verhalten nicht nur enttäuscht, sondern auch
schockiert und/oder wütend. Durch die irreführende Bezeichnung
Dominanzaggression wird außerdem bei Menschen das Gefühl
ausgelöst, dass man diesem Hund zeigen muss, wer der Herr ist
und dass eine Strafe absolut erforderlich ist. Also reagiert der Hundehalter nun seinerseits entsprechend aggressiv. Wenn jedoch die
Strafe sich nicht an lerntheoretischen Kriterien orientiert, ist eine
Fülle von unerwünschten Nebenwirkungen möglich und die Kommunikation zwischen Hund und Hundehalter wird weiter beeinträchtigt. Die Vertrauensbasis zwischen Hund und Hundehalter lei-

det, Unsicherheit und Angst eines solchen Hundes und damit
seine Reaktionsbereitschaft werden weiter verstärkt. Der Versuch
der Distanzvergrößerung durch Weglaufen, Drohen oder evtl.
einen „unprovozierten" Angriff wird immer wahrscheinlicher.
Wenn der Hundehalter die Situation akzeptiert, verstärkt das letztendlich das Verhalten ebenfalls: Akzeptieren = Erfolg = Verstärkung. Auch Versuche, den Hund zu beruhigen, verstärken das
unerwünschte Verhalten. Genau betrachtet führt also *das ganz normale menschliche Verhalten* immer tiefer in einen Teufelskreis der
Aggression. Eine solche Lebenssituation führt zu chronischem
Stress für die beteiligten Menschen und Hunde. Dauerstress bringt
die Produktion der für die Stressbewältigung zuständigen Hormone durcheinander und kann bis hin zu einer völligen Entgleisung
dieser so genannten Stressachse führen. Das wiederum kann zu-
sätzliche Verhaltensauffälligkeiten und organische Erkrankungen
zur Folge haben.

Aggressives Verhalten innerhalb der Familie, gegenüber dem Sozialpartner Mensch ist also das Resultat von fehlerhafter Kommunikation zwischen Menschen und Hunden, die Folge einer Reihe von
Missverständnissen. In der Mehrzahl der Fälle ist derartiges Verhalten kennzeichnend für einen unsicheren Hund. Solche Hunde
fühlen sich schnell bedroht und sind daher leicht zu provozieren.
Wirklich „dominante" Hunde dagegen sind aufgrund ihrer Selbstsicherheit entspannt und in Kontrolle der Situation. Sie tauchen
daher eher selten bei Verhaltenstherapeuten zur Behandlung
wegen aggressiven Verhaltens auf.

Aggression im Spiel
Spielen dient dem Sammeln von Erfahrungen, zum Üben von angemessenem sozialen Verhalten und der körperlichen Geschicklichkeit.
Welpen, die beim Spielen mit ihren Geschwistern zu grob werden,
machen die Erfahrung, dass das Spiel abgebrochen wird, dass mit
ihnen selbst grob umgegangen wird, und dass sie als grobe Spielpartner in Zukunft gemieden werden. Außerdem kann es zu aggressiven Displays kommen und aus dem Spiel kann Ernst werden.

Vielen Besitzern ist nicht bewusst, dass auch angemessenes Spielverhalten mit Menschen gelernt und im täglichen Umgang geübt
werden muss. Hunde, die zu grob und aggressiv spielen, haben
nicht die richtigen „Spielregeln" lernen können, weil sie nicht das
richtige Feedback bekommen haben.

Häufig werden **Zerrspiele**, spielerische Angriffe und ähnlich wett-
bewerbsorientierte Spiele von Menschen sehr grob gespielt – grob
insofern, als die Körperkräfte eines Welpen oder jungen Hundes
überschätzt werden. Zudem sind Bisse von Milchzähnen oft sehr
schmerzhaft, so dass Menschen hier manchmal aggressiver reagieren, als ihnen bewusst ist. Es wird auch immer noch behauptet,
dass der Hund nicht gewinnen oder das Spielzeug erobern sollte, da
das Einfluss auf seinen Platz in der Hierarchie und auf seine Achtung vor seinem Menschen hätte. Jeder Mensch weiß, dass Spiele,
bei denen man nicht gewinnt, keinen Spaß machen und zu Frustration führen. Für das Verhalten der Hunde ist also einerseits das
Beispiel der Menschen verantwortlich, die sich selbst aggressiv verhalten, andererseits Frustration.

Beim Spielen sollte Hunden die Möglichkeit geboten werden, klare
Regeln zu lernen. Grobes Spielverhalten sollte nicht gefördert werden. Zum Glück hat man inzwischen auch in Untersuchungen her-
ausgefunden, dass es keine Bedeutung hat, wer am Spielende das
Spielzeug besitzt. Der Hund darf also auch gewinnen. Es hat allerdings einen Einfluss auf die Rangordnung, *wer das Spiel beginnt und
wer es beendet.*

Je früher die **Spielregeln** geübt werden, desto wahrscheinlicher ist,
dass der Hund die „richtigen" Erfahrungen machen und damit die
erwünschten Spielregeln lernen kann. Noch ist sein Mensch ihm
meist körperlich überlegen. Wenn es keine Spielregeln gibt, können Spiele, insbesondere bei Menschen, die nicht ganz fit, nicht im
Vollbesitz ihrer Kräfte oder aus anderen Gründen kräftemäßig dem
Hund nicht gewachsen sind (ältere Menschen, Kinder), außer Kontrolle geraten. Kreischen, Rennen oder Hinfallen kann bei Hunden
zu Reaktionen führen, die Verletzungen zur Folge haben. So kann
z.b. Beuteverhalten ausgelöst werden. Auch ein plötzlicher, für

einen erwachsenen Hund ungewohnter Rückzug aus dem Spiel kann soviel Frustration hervorrufen, dass aggressives Verhalten ausgelöst wird.

Aggression gegenüber Kindern

Hunde sind im Großen und Ganzen gegenüber Kindern sehr viel duldsamer als gegenüber erwachsenen Menschen. Sie empfinden Kinder allein aufgrund ihrer Körpergröße als weniger bedrohlich. Damit haben Hunde weniger Anlass, über die Anwendung der 4F Distanz zu Kindern herzustellen. Das gilt jedoch nur für Hunde, die rechtzeitig in ihrem Leben Kinder kennen gelernt und gute Erfahrungen mit ihnen gemacht haben. Bei Hunden, die nicht ausreichend mit Kindern sozialisiert sind, wirken sie angstauslösend, besonders, wenn sie den Hund intensiv betrachten oder länger Blickkontakt halten. Außerdem gehören zum normalen Kinderverhalten Kreischen, Schreien und schnelle und überraschende Bewegungen. Kurz gesagt, Kinder verhalten sich für Hunde außerordentlich unberechenbar. Besonders gefährdet sind nach amerikanischen Untersuchungen Jungen im Alter von etwa 12 Jahren, möglicherweise, weil sie besonders unternehmungslustig und dabei sehr waghalsig sind.

Viele der für Kinder typischen Verhaltensweisen wie Umarmen, Reitversuche und anderer sehr **enger Körperkontakt** werden von Hunden als bedrohlich oder als so genannte ranganmaßende Geste empfunden. Das kann dazu führen, dass der betreffende Hund versucht, mehr Abstand zu gewinnen. Wenn Ausweichen nicht möglich ist und feine Signale nicht verstanden werden, sind stärkere Reaktionen die logische Konsequenz. Bei einem gut sozialisierten Hund sind das Reaktionen, die bei anderen Hunden und sogar bei Welpen keinerlei Schaden anrichten würden. Abgesehen von der dickeren, behaarten Haut, sind Hunde – außer ein paar bestimmte Rassen – durch die anatomische Lage des Auges im knöchernen Schädel auch gut vor Augenverletzungen geschützt. Das Hundeauge kann bei Bedarf sogar noch weiter in den Schädel zurückverlagert werden. Verhalten, das in der innerartlichen Kommunikation also durchaus angemessen und ungefährlich ist wie z.b. das Umfassen des Fanges („Schnauzenbiss") oder gar des gesamten Kopfes bei Welpen kann bei Kindern zu folgenschweren Verletzungen führen. In vielen Fällen befinden sich die Gesichter von Kindern ungefähr in einer Höhe mit dem Hundemaul. Hundezähne sind für Kinderhaut viel traumatischer als für dichtes Hundefell. Ohne dass ein Biss überhaupt beabsichtigt ist, reicht schon eine schwungvolle Bewegung und damit verbundene Berührung mit einem Zahn für eine Verletzung aus. Dadurch kann es auch im Zusammenleben mit einem Hund, der gut mit Kindern sozialisiert ist, zu Situationen kommen, in denen die Kinder der Familie oder befreundete Kinder, die zu Besuch kommen, Gefahr laufen, verletzt zu werden. Zu allem Überfluss können die dann erfolgenden Reaktionen, die nachvollziehbar und eigentlich typisch menschlich sind, dazu führen, dass eine Situation völlig entgleist.

Für Hunde sehen außerdem Säuglinge, Kinder im Krabbelalter, Kinder, die unsicher stehen und sich wackelig bewegen, und ältere Kinder, die in ihren Bewegungen besser koordiniert sind, völlig unterschiedlich aus. Ein Hund, für den ein siebenjähriges Kind nicht beunruhigend ist, kann auf ein Krabbelkind ganz anders reagieren. Daher geschieht auch gar nicht selten, dass ein Hund, der das neue Baby der Familie scheinbar völlig akzeptiert hatte, dasselbe Kind plötzlich anknurrt, wenn es ihm zu nahe auf den Pelz kriecht. Die Motivation dafür kann unterschiedlich sein. Möglicherweise ist das krabbelnde Kind für den Hund etwas ganz anderes als der Säugling. Er hat Angst davor und braucht Distanz. Es wäre aber auch denkbar, dass der Hund versucht, auf seine Weise mit dem Kind zu kommunizieren. Es ist ihm vertraut, aber er ist mit der Annäherung nicht einverstanden. Die wirklich zugrunde liegende Motivation kann nur durch genaue Beobachtung geklärt werden. In beiden Fällen wird das Verhalten jedoch durch Tadel und Strafe allenfalls verschlechtert.

Fallbeispiel 9

Snoopy, eine jetzt 3-jährige kastrierte mittelgroße Mischlingshündin, lebte bei drei Vorbesitzern, bevor sie im Alter von 1,5 Jahren zu ihrem jetzigen Besitzer, einem allein stehenden jungen Mann, kam. Im Alter von 2 Jahren war sie in einen schweren Unfall verwickelt, an dem auch ein vierjähriger Junge beteiligt war. Seither hat sich Snoopy mehrmals gegenüber Kindern aus der Verwandtschaft, die zu Besuch waren, bedrohlich verhalten. In einem Fall trug das betreffende Kind eine leichte Gesichtsverletzung davon.

Alle Zwischenfälle ereigneten sich in der Wohnung, entweder, wenn Snoopy sich auf ihrem Lager befand, oder, wenn sie dicht bei ihrem Besitzer saß. Dabei reagierte sie auf die Annäherung der Kinder sehr schnell. Ihr Besitzer hatte sie bisher sowohl bei Drohsignalen wie auch bei Angriffen durch Schimpfen und/oder Schütteln am Nackenfell bestraft. Dabei verhielt sie sich unterwürfig und zeigte „Reue". Dennoch scheint das Verhalten sich eher zu verstärken: sie knurrt jetzt schon, sobald Kinder die Wohnung betreten.

Snoopy ist in einem guten körperlichen Zustand, ihre Bindung an ihren Besitzer ist gut: sie achtet auf ihn und reagiert unbefangen auf plötzliche Bewegungen. Sie gehorcht sehr gut und befolgt Aufforderungen schnell und in entspannter und aufmerksamer Körperhaltung. Sie nimmt interessiert und unbefangen Kontakt mit fremden Erwachsenen und Hunden auf und verhält sich dabei freundlich bis neutral. Kinder dagegen lösen bei Snoopy Unsicherheit aus: bei Begegnungen draußen weicht sie ihnen, wenn möglich, aus.

Da über Snoopys Welpenzeit gar nichts bekannt ist, ist nicht eindeutig, ob die Ursache für das Verhalten der Unfall oder eine mangelhafte Sozialisierung mit Kindern ist oder beides zusammen. Auf jeden Fall macht ihr die Annäherung von Kindern Angst. Sie hat in diesen Situationen versucht, sich auf ihr Lager zurückzuziehen und sich schutzsuchend dicht an ihren Besitzer zu drücken – beides ohne Erfolg. Im Gegenteil, die Kinder haben sich nicht nur weiter angenähert, auch Herrchen war plötzlich aggressiv. Daher ist es nicht erstaunlich, dass sie immer mehr Angst vor solchen Situationen hat und das auch immer schneller zeigt. In einer solchen Situation sollte die Anwesenheit von Kindern (Familienmitglieder u.Ä.) so gestaltet werden, dass sie für Snoopy nicht beunruhi-

gend ist. Dazu gibt es mehrere Möglichkeiten, die am besten kombiniert werden:

▶ *Auf Strafen muss verzichtet werden.*

▶ *Die Anwesenheit von Kindern sollte mit angenehmen Dingen verbunden werden.*

▶ *Kinder sollten nicht unbeaufsichtigt in ihre Nähe kommen und eine bestimmte Entfernung zu Snoopy nicht unterschreiten können. Dabei ist Vertrauen in das Verhalten und die Zuverlässigkeit von Kindern oder Snoopy in keinem Fall angebracht. Snoopy sollte also einen Platz aufsuchen können, zu dem Kinder keinen Zutritt haben.*

▶ *Die Annäherung von Kindern kann unter Aufsicht in kleinen Schritten geübt werden.*

Bei Snoopy wurde durch die Anwendung der Punkte 1 bis 3 das Verhalten innerhalb von 6 Wochen so gebessert, dass der Besitzer zufrieden war.

Rangposition des Kindes

Viele Eltern gehen davon aus, dass sie Einfluss darauf haben, welche Position ihr Kind in der Rangordnung im Bezug zum Hund einnimmt. Leider ist das nicht so. Man kann zwar als Erwachsener, solange man anwesend ist, bis zu einem gewissen Punkt ein bestimmtes Verhalten des Hundes erzwingen. Das bedeutet jedoch nicht, dass der Hund die gewünschte Rangposition des Kindes akzeptiert. Die tatsächlichen Rangpositionen von Hund und Kind machen sich allein am Verhalten der beiden fest, ohne Rücksicht auf den Standpunkt der Eltern. Die meisten Hunde betrachten Kinder in ihrer Familie als rangnieder.

Man kann das Verhältnis zwischen Kindern und Hunden sehr positiv beeinflussen, wenn Kind und Hund Umgangsformen miteinander lernen, die für beide Seiten Vorteile bieten. Ein Hund, der gelernt hat, dass es sich für ihn immer lohnt, wenn er sich auf ein Signal hin auf den Rücken legt, tut das auch begeistert für ein drei- oder vierjähriges Kind. Damit hat er nicht nur selbst Vorteile – ein Leckerchen, z.B., oder ein Krabbeln des Bauches –, er hat sich auch in diesem Augenblick freiwillig und mit Vergnügen in eine untergeordnete Position begeben.

Vorstehen: Die ganze Konzentration ist auf eine wahrgenommene mögliche Beute gerichtet.

Der Mäuselsprung erlaubt eine punktgenaue Landung zum Fang eines kleinen Beutetieres.

Das Hüten beim Border Collie ist ursprünglich eine Verhaltenssequenz aus dem Jagdverhalten – Fixieren und Anschleichen.

Keine sichtbaren aggressiven körpersprachlichen Signale, im Gegenteil – die beiden sind mitten im Spiel.

Auch weit übertriebene aggressive Signale zeigen Spielverhalten an – wie hier die weit aufgerissenen Mäuler.

Wenn Kinder dagegen versuchen, mit Gewalt ein bestimmtes Verhalten des Hundes durchzusetzen, kann das sehr schnell gefährlich werden, da sie dem Hund in den seltensten Fällen körperlich gewachsen sind. Grundsätzlich werden Kinder durch einen unsicheren Hund eher gefährdet als durch einen selbstsicheren, der sich durch Kinder weder in seiner Position noch in der aktuellen Situation bedroht fühlt.

Umgang mit gefährlichen Hunden

Der erste Schritt zum angemessenen Umgang mit Hunden überhaupt besteht darin, Hunden zunächst ganz allgemein zuzugestehen, dass sie höchst komplizierte soziale Lebewesen sind und keine Maschinen. Ihre Reaktionen auf die Umwelt sind nicht und können gar nicht konstant gleich sein. Sie beruhen auf einer Vielzahl von Faktoren und sind zwangsläufig tagesformabhängig. Dessen sollten sich in erster Linie Hundehalter, aber natürlich auch andere Menschen, die mit Hunden in Kontakt kommen, bewusst sein. Da grundsätzlich jeder Hund die Fähigkeit besitzt, Menschen, andere Hunde und andere Tiere zu beißen und zu verletzen, muss *generell* dafür Sorge getragen werden, dass das nicht geschehen kann.

Im Wesentlichen sind beim Umgang mit Hunden folgende Bereiche zu unterscheiden:

Wahrnehmen
Angemessener Umgang mit einem Hund, und das gilt natürlich in besonderem Maß für einen gefährlichen Hund, ist nur dann möglich, wenn man das Verhalten des Hundes richtig einordnen kann.

Vorbeugen
Zucht und Haltungsbedingungen in den ersten Lebenswochen beeinflussen in hohem Maß die gesamte Entwicklung eines Hundes, seine Anpassungsfähigkeit und die Fähigkeit, mit Angst und Stress umzugehen. Schon hier kann Fehlentwicklungen vorgebeugt werden. Erziehung und Haltung

bilden die Basis für das Verhalten während des gesamten Lebens. Die angemessene und artgerechte Erziehung eines Hundes beruht auf den Fähigkeiten und Kenntnissen, die der Hundehalter hat. Wenn ein Hund sich als gefährlich erwiesen hat, muss weiterer Schaden verhindert werden. Durch eine Reihe von Maßnahmen kann sichergestellt werden, dass ein Hund weder Menschen noch andere Hunde oder andere Tiere gefährden kann.

Reagieren
Wenn ein Hund sich bedrohlich verhält, kann durch eine angemessene Reaktion die Situation entschärft und Schaden vermieden oder minimiert werden.
Der Halter eines solchen Hundes muss lernen, mit seinem Hund so umzugehen, dass sich das Verhalten des Hundes nicht weiter verschlechtert.

Ändern
Der Hund muss lernen, dass sein aggressives Verhalten gegenüber der Umwelt nicht angemessen und unerwünscht ist. Dazu muss die emotionale Befindlichkeit des betroffenen Hundes verändert werden.
Der Hund muss andere Verhaltensweisen lernen.

Wahrnehmen

Hunde sind selbst Weltmeister darin, die Körpersprache von Menschen, vor allem der Menschen, mit denen sie leben, zu lesen und sich danach zu richten. Überdies haben Hunde im Haus wenig anderes zu tun, als ihre Menschen im Auge zu behalten. Dadurch ist es für sie sehr leicht, ihre Menschen zu manipulieren, d.h. sie dazu zu veranlassen, etwas zu tun, was der Hund haben möchte.

Ein Hund, der sich an seinen Menschen anschmiegt, holt sich aktiv seine **Streicheleinheiten**. Er nimmt für sich das Recht in Anspruch, Körperkontakt herzustellen: das Recht des Ranghöheren. Wenn er sich ganz dicht an oder gar auf die Füße legt, nimmt er sich ebenfalls ein Recht heraus: er schränkt die Bewegungsfreiheit seines Menschen ein. Ein Hund, der ganz putzig mit seinem Spielzeug herbeikommt und Frauchen mit Erfolg zum Spielen auffordert, hat damit demonstriert, dass er derjenige ist, der entscheidet, wann gespielt wird.

Schon an diesen Beispielen wird deutlich, wie einfach es für Hunde ist, Menschen zu manipulieren. Viele Verhaltensweisen von Hunden sind uns angenehm und machen Freude. Daher gehen wir davon aus, dass es die Absicht des Hundes ist, uns etwas Gutes zu tun. Dem ist jedoch nicht so: er hat nur seine eigenen Interessen im Auge. Daraus muss man nicht schließen, dass der Hundehalter sich selbst und den Hund auf Schritt und Tritt überwachen muss, damit keine Fehler passieren. Man sollte jedoch seinen Hund mit wacheren Augen sehen, und die Dinge, die er unternimmt, nicht durch eine rosa Brille betrachten.

Verhalten bezweckt eigene Vorteile

Hunde – wie alle anderen Lebewesen auch – wollen nur ihr eigenes Bestes. Das ist nun einmal angeboren, auch jedem von uns. Menschen tun z.B. viele Dinge, die uneigennützig aussehen – und ihnen selbst ein gutes Gefühl verschaffen. Das vermindert jedoch ebenso wenig den Wert des Menschen wie den der Tat.

Der erste wichtige Schritt besteht also darin, einen Hund als das wahrzunehmen, was er ist: ein Lebewesen, das alles, was es tut, ausschließlich zu seinem eigenen Nutzen tut. Dazu ist ihm sozusagen jedes Mittel recht.

Auch die Überzeugung, dass Hunde etwas tun oder getan haben, um uns zu ärgern oder um uns etwas heimzuzahlen, ist so nicht zutreffend. Wenn ein Hund etwas tut, dann hat er davon Vorteile. Welche, diese Frage ist leider häufig nicht unbedingt auf den ersten Blick zu beantworten. Dass wir uns über sein Verhalten ärgern, ist nicht etwas, was der Hund beabsichtigt hat, sondern nur ein Nebeneffekt und für den Hund eher nachteilig.

Nicht nur die korrekte Bewertung einzelner Handlungen ist wichtig, sondern auch die richtige **Interpretation der Körpersprache**. Die Aufmerksamkeit hat sich hier von den auffallenden Signalen, die während einer aggressiven Auseinandersetzung auftreten, denen zugewandt, die im Vorfeld zu sehen sind und die dazu dienen, ein soziales Zusammenleben zu ermöglichen und Kämpfe zu vermeiden. Hunde lassen durch Mimik und Körpersprache deutlich erkennen, ob sie sich ängstlich oder entspannt und unbefangen fühlen, ob sie unter Stress stehen oder ob sie zu unfreundlichen Aktionen bereit sind. Ein Hund, der immer wieder Kopf und Blick abwendet, zeigt damit, dass er sich nicht wohl fühlt, und eine Konfrontation vermeiden will. Häufiges Rasch-über-die-Lippen-Lecken signalisiert Unsicherheit. Bei einem Hund, der sich so massiv bedroht fühlt, dass er zur Gegenwehr bereit ist, zeigt sich die Unsicherheit unter anderem durch die lang nach hinten gezogenen Mundwinkel, einen unsicheren Blick sowie Ohrenhaltung. Die Zähne werden bei mehr oder weniger stark geöffnetem Maul entblößt.

Ängstliche Hunde sind deswegen gefährlich, weil es für sie nach ihrer Meinung um das Überleben geht. Jede weitere Annäherung kann einen Angriff auslösen. Wenn man also den eigenen Hund unter der Küchenbank oder dem Küchentisch hervorziehen will, während er solche Signale sendet, sollte man sich nicht wundern, wenn er bei einer weiteren Annäherung der Hand zubeißt.

Im Umgang mit Hunden, auch mit dem eigenen, ist weiterhin wichtig, dass man sich auch der eigenen Körpersprache bewusst ist. Viele ganz normale menschliche Verhaltensweisen lösen bei Hunden Angst und Unsicherheit aus. Diese Signale sollte man vermeiden und stattdessen ganz bewusst solche einsetzen, die dem entgegenwirken: eine seitliche Körperhaltung einnehmen, den Kopf und den Blick kurz abwenden und sich klein machen. Nicht umsonst kommen Welpen viel lieber heran, wenn man in die Hocke geht.

Drohverhalten

Drohverhalten wird von Menschen im Allgemeinen erst wahrgenommen, sobald ein Hund einen anderen Hund oder sie selbst
anknurrt und/oder gar körperlich bedrängt. In Wirklichkeit beginnt
das Ganze viel subtiler: mit Blicken, mit manchmal wenig auffallenden Körperhaltungen und auch der Einnahme strategisch
wichtiger Plätze.

Menschen nehmen **Drohfixieren** häufig sogar dann nicht wahr,
wenn sie selbst betroffen sind. Wer seinem Hund nicht ganz gezielt
beigebracht hat, lange Blickkontakt zu halten, der sollte sich ernsthaft Gedanken machen, wenn sein Hund ihn auffallend lange
anstarrt. Andere Hunde nehmen dieses Verhalten im Allgemeinen
sofort wahr und reagieren entsprechend. Durch Rückzug signalisieren sie Respekt und Einverständnis mit der Situation. Sie wollen
keine Konfrontation und akzeptieren die Überlegenheit des drohenden Hundes. Menschen, die dieses Verhalten nicht wahrnehmen, können in keiner Weise angemessen reagieren. Dadurch signalisieren sie in diesem Stadium häufig Akzeptanz, d.h. der Hund
muss den Eindruck gewinnen, er sei ranghoch. Wenn es dann
irgendwann zu einer offenen Konfrontation kommt, so ist das für
die Menschen oft völlig überraschend, ein „unprovozierter Angriff".
Andere Hunde reagieren eher angemessen. Aber auch diese Reaktionen werden von anwesenden Menschen meist nicht richtig
wahrgenommen. Ein Hund, der sich nicht einfach so bedrohen
lässt, sondern z.B. zurückstarrt, ist einfach nicht auffällig genug. Zu
den Körperhaltungen und -bewegungen, die den anderen aktiv
bedrohen sollen, gehört es, wenn ein Hund sich dem anderen in
den Weg stellt, ihm den Weg abschneidet, ihm den Kopf oder eine
Pfote auf die Schulter legt. Auch frontal in gerader Linie direkt und
aufgerichtet auf den anderen Zugehen ist eine Bedrohung. Wenn es
bei weiterer Annäherung zu deutlicheren Signalen kommt, so ist
auch nicht unbedingt der Hund der Überlegene, der das meiste
Theater macht. Je selbstsicherer ein Hund ist, desto weniger hat er
massive Demonstrationen nötig.

Selbst viele Hundebesitzer sind auch immer noch davon überzeugt, dass ein Hund, der mit dem Schwanz wedelt, freundlich sei. Heute weiß man, dass Schwanzwedeln sehr unterschiedlich aussehen kann und nur eins bedeutet: dieser Hund ist bereit zu einer Interaktion. Das garantiert jedoch noch lange kein freundliches Verhalten.

Vorbeugen

Gefährlichem Verhalten bei Hunden kann man vorbeugen. Dazu sollte einerseits eine möglichst optimale Entwicklung sichergestellt werden. Andererseits müssen rechtzeitig die Anfänge von unerwünschtem Verhalten wahrgenommen und angemessen gegengesteuert werden. Diese Bereiche fallen zunächst in die Zuständigkeit des Züchters und anschließend in die des Hundehalters.

Auswahl des Welpen

Das Kaufverhalten von zukünftigen Hundehaltern könnte schon bei der Auswahl des Züchters entscheidende Impulse im Hinblick auf die Haltungsbedingungen setzen. Durch eine überlegte Auswahl des Welpen stellt der Hundehalter schon beim Kauf die Weichen für die gemeinsame Zukunft.

Bei der Wahl der Rasse sollte man sich darüber im Klaren sein, wofür eine spezielle Rasse ursprünglich gezüchtet worden ist. Wofür ist sie besonders geeignet, welche Fähigkeiten sind besonders ausgeprägt? Sind diese Fähigkeiten für das zukünftige Leben dieses Hundes vorteilhaft oder werden sie eher Probleme bereiten? Vorsicht ist grundsätzlich bei besonders ängstlichen Tieren geboten. Selbst wenn die Angst nicht auf genetischen Grundlagen beruht, kann das schlechte Beispiel auffallend ängstlicher Mütter das Verhalten der Welpen sehr negativ beeinflussen. Bei besonders ängstlichen Welpen kann häufig selbst die sorgfältigste Sozialisation die Defizite nicht wettmachen. Man sollte sich daher beide Elterntiere genau anschauen. Rüde und Hündin sollten gut sozialisiert und selbstsicher sein.

Die **Haltungsbedingungen** von Mutter und Welpen sollten alle Kriterien, die für eine gute Sozialisation erforderlich sind, erfüllen.

Ausschlaggebend ist hier einerseits die Umgebung und der „Familienanschluss", andererseits die Zeit, die ein Züchter gezielt für die Sozialisierung seiner Welpen aufwendet. Danach richtet sich dann der Zeitpunkt, an dem ein Welpe zu seiner neuen Familie kommt. Je besser die Voraussetzungen beim Züchter sind, desto länger kann der Welpe bei Mutter und Geschwistern bleiben.

Angemessene Erziehung und artgerechte Haltung

Sobald der Welpe in seinem neuen Heim ist, obliegt dem Hundehalter die artgerechte Haltung und angemessene Erziehung. Bei der Erziehung von Welpen kann man verschiedene Bereiche unterscheiden. **Erstens** müssen die Regeln für das Zusammenleben in der sozialen Gruppe gelernt werden. **Zweitens** müssen Hunde lernen, mit der oft sehr anspruchsvollen Umwelt zurecht zu kommen. **Drittens** müssen sie lernen, bestimmte Handlungen auf ein Signal hin, meist ein Wort, auszuführen.

Diese Unterscheidung ist von Bedeutung. Hundehalter sind oft fest davon überzeugt, dass ihr Hund nicht gehorcht, weil er sie nicht als ranghöher, als „Chef" anerkennt. In Wirklichkeit ist für den Hund der Zusammenhang zwischen Wort und Verhalten überhaupt nicht klar, weil das Ganze noch nicht ausreichend oft geübt worden ist. Man kann das an folgendem Beispiel deutlich machen:

Ein Verteidigungsminister kann aufgrund seiner Position die Streitkräfte so einsetzen, wie er es für richtig hält. Er ist ranghoch, er ist ohne jeden Zweifel der Chef. Wenn er aber anordnet, dass ab sofort die Bodentruppen für den Einsatz der Schiffe verantwortlich sind, die Flugeinsätze von der Marine durchgeführt werden und die Flieger die Arbeit der Bodentruppen übernehmen müssen, so wird diesem Befehl nicht Folge geleistet werden. Nicht, weil der Rang des „Chefs" in Frage gestellt wird, sondern weil erst ausreichende Schulungen durchgeführt werden müssen.

Die **Rangposition** wird einem Hund dann sehr deutlich, wenn er regelmäßig vom ersten Tag an die Erfahrung machen kann, dass sein Mensch der Besitzer von allen guten und lebenswichtigen Dingen ist. Das bezeichnet man als *Kontrolle der Ressourcen*. Ein Hund

sollte von Anfang an lernen, dass er alles von Herrchen oder Frauchen bekommt: aber nur für eine Gegenleistung, z.B. angemessenes Verhalten. Das könnte ganz einfach Hinsetzen sein. Welpen lernen ganz automatisch, dass die neue Familie ihre soziale Gruppe ist. Zu den wichtigen Regeln für den Umgang mit den einzelnen Familienmitgliedern gehören Rangposition und Beißhemmung. Beides muss im täglichen Umgang mit dem Welpen eingeübt werden, damit es später keine unliebsamen Überraschungen gibt. Im Umgang mit ihren Geschwistern lernen Welpen die **Beißhemmung** sehr leicht. Um jedoch das angemessene Verhalten mit Menschen zu lernen, muss viel geübt werden. Man sollte niemals akzeptieren, wenn der Welpe grob zubeißt. Wenn er statt dessen immer wieder erlebt, dass Menschen, wenn man mit den Zähnen ihre Haut berührt, Schmerzensschreie ausstoßen und nicht mehr mitspielen, lernt er bald, vorsichtiger zu sein. Auch beim Beißen in Kleidungsstücke ist diese Reaktion empfehlenswert. Sonst hat man schnell einen Hund, der fest in Hosenbeine oder Jackenärmel beißt – und vielleicht ist ja doch mal irgendwo ein Stück Mensch darunter!
Der dritte wichtige Punkt betrifft Anfassen und Streicheln. Es ist ganz und gar nicht selbstverständlich, dass Hunde sich von Menschen immer und überall anfassen lassen. Viele erwachsene Hunde fordern Streicheln ein, wenn es ihnen selbst gerade passt. Wenn sie keine Lust dazu haben, dann kann man sie weder streicheln noch die Pfoten anfassen. Den Bauch abzutrocknen oder gar eine Ohrenkontrolle können richtig gefährlich werden. Es ist deshalb wichtig, das alles mit einem Welpen frühzeitig und regelmäßig zu üben. Welpen sollten nicht mit Gewalt gezwungen werden, sich alles gefallen zu lassen. Je mehr Zwang ausgeübt wird, desto größer ist die Wahrscheinlichkeit, dass der Hund Berührungen eines Tages nicht mehr duldet – spätestens dann, wenn er irgendwo Schmerzen hat. Ein Welpe, der immer wieder die Erfahrung macht, dass es für ihn von Vorteil ist, wenn er sich alles gefallen lässt, hat in der Zukunft im wahrsten Sinn des Wortes keine Berührungsängste. Er duldet später als erwachsener Hund dann sogar Berührungen, die auch einmal

nicht so angenehm sind, da eine Basis für eine vertrauensvolle Beziehung zwischen Hund und Halter geschaffen worden ist.

Das **Erlernen von Verhaltensweisen**, die ein Hund dann auf Abruf ausüben soll, ist ein weiteres, wichtiges Gebiet. Hunde können sowieso Sitzen oder sich Hinlegen, das müssen sie nicht erst lernen. Aber sich Hinsetzen, sich Hinlegen oder Herkommen, weil ein Mensch das in diesem Augenblick möchte, das ist etwas anderes.

Hunde haben, im Gegensatz zu Menschen, kein angeborenes Verständnis für Sprache, sind aber außerordentlich gute Beobachter auch der menschlichen Körpersprache. Der direkteste Weg, einem Hund etwas beizubringen, führt daher über die Körpersprache. Auf diesem Weg kann man sich Hunden viel leichter verständlich machen. Man kann leicht überprüfen, ob ein Hund überhaupt ein bestimmtes Wort wie Sitz oder Platz versteht. Dazu stellt man sich mit dem Gesicht dicht vor eine Wand und gibt dann das entsprechende Kommando. Häufig geschieht gar nichts, weil das Kommandowort selbst für den Hund keine Bedeutung hat. Er hat sich stattdessen an Körperhaltung, Mimik und Handbewegungen orientiert und nur deshalb die Aufforderung befolgen können.

Eine Besonderheit ist der **Name**. Ein Hund lernt seinen Namen am schnellsten, wenn durch das Erklingen des Namens für den Hund etwas Tolles angekündigt wird. Beispiel: der Hundehalter sagt deutlich und freundlich „Purzel" und präsentiert dem Welpen innerhalb einer Sekunde dann ein Lecker. Je öfter man das macht, desto zuverlässiger wird der Name die Aufmerksamkeit des Hundes auslösen.

Es wird immer wieder empfohlen, zur artgerechten Erziehung des Hundes Methoden zu verwenden, wie sie auch unter Hunden bzw. Wölfen zur Anwendung kommen. Hierbei sollte man jedoch bedenken, dass die wenigsten Menschen so schnell und präzise reagieren können wie Hunde oder gar Wölfe. Auch die Intensität, mit der Menschen reagieren, ist oft nicht angemessen. Als Beispiel soll hier der berühmte Schnauzengriff dienen, der immer wieder zur Maßregelung und Demonstration der Überlegenheit angeraten wird.

Bei Wölfen ist zu beobachten, dass **Schnauzenkontakt** in erster Linie dem Austausch von Zärtlichkeit dient. Auch bei einem „Biss" über den Fang werden im Normalfall keine Verletzungen gesetzt – das wäre einem erfolgreichen Zusammenleben einfach nicht dienlich. Wenn es zu Rangdemonstrationen kommt, kann sogar der ganze Kopf im Fang eines Ranghöheren verschwinden und ohne Schrammen wieder zum Vorschein kommen. Das bedeutet, dass mit den Zähnen kaum Druck ausgeübt werden darf.

Im Umkehrschluss bedeutet es, dass ein Schnauzengriff nur dann das Verhältnis zwischen Besitzer und Hund nicht belastet, wenn Kontakte zwischen menschlicher Hand und Schnauze häufig stattfinden und im Normalfall zärtlich und angenehm sind. Ein Schnauzengriff selbst darf auf keinen Fall hochgradig schmerzhaft sein.

Ich persönlich halte es für das Zusammenleben von Mensch und Hund für förderlicher, wenn jeder Hand-Schnauzenkontakt für den Hund wünschenswert ist. Das ermöglicht es dem Hundehalter, später, auch in Krisensituationen, gefahrlos das Maul berühren zu dürfen. Mit ausreichender Übung ist auch Öffnen und Hineinfassen jederzeit möglich – zum Entnehmen von Gegenständen, die der Hund gefunden hat, oder um einen Fremdkörper zwischen den Zähnen zu entfernen. In keinem Fall ist der Einsatz des Schnauzengriffes in Situationen zu empfehlen, in denen ein Hund aggressives Display zeigt, ob gegen den Hundehalter oder gegen einen anderen Hund. Die Verletzungsgefahr ist außerordentlich hoch. Stattdessen sollte von Anfang an ein Verbotswort eingeübt werden, das für den Hund grundsätzlich bedeutet: lass das, damit wirst du keinen Erfolg haben.

Neben der Erziehung bildet die **artgerechte Haltung** eine Voraussetzung für angemessenes Verhalten. Darunter ist zu verstehen, dass man einen Hund richtig und ausreichend ernährt und dass er gebührend beschäftigt und ausgelastet wird. Das beinhaltet körperliche Bewegung, geistige Beschäftigung und ausreichend Sozialkontakt. Durch diese Kriterien werden auch an die Umwelt Anforderungen gestellt: Es muss für Hunde Gelegenheiten für Kontakt mit Artgenossen und freie Bewegung geben. Die Hauptanforderung an den Hundebesitzer ist hingegen nicht der Besitz von Haus und Garten, sondern Zeit und die Bereitschaft, sich mit dem Hund abzugeben. Nur dann, in Kombination mit ausreichendem Wissen, kann rechtzeitig erkannt werden, wenn in der Entwicklung des Hundes etwas nicht zufriedenstellend läuft und fach- und sachkundige Hilfe in Anspruch genommen werden sollte. Da die **Hundeanschaffung** eine sehr emotionale Angelegenheit ist, fehlen dem Hundehalter oft grundlegende Kenntnisse über Verhalten und Haltungsansprüche von Hunden. Bisher gibt es leider keine Qualitätskontrolle bei Hundeschulen. Ebenso wenig existiert eine überprüfbare Ausbildungspflicht für denjenigen, der sich als Hundetrainer betätigen will. Es ist also eine Frage des Zufalls, ob ein Hundehalter Informationen über moderne Methoden der Hundeerziehung erhält. Er kann, ohne es überhaupt beurteilen zu können, auch an einen Trainer geraten, der sich auf diesem Gebiet nicht weitergebildet hat. Das wäre ungefähr so, als ob man sich in die Hände eines Arztes begibt, der über die Fortschritte der Medizin in den letzten dreißig Jahren nicht Bescheid weiß.

Schadensvermeidung

Der Hundehalter, die Familienmitglieder und insbesondere im Haushalt lebende Kinder werden vor Schaden am besten durch den richtigen Umgang mit dem Hund bewahrt. Zum Schutz von Umwelt und Öffentlichkeit müssen andere Maßnahmen ergriffen werden, insbesondere, wenn ein Hund schon einmal Menschen, andere Hunde oder andere Tiere bedroht hat.

Die folgenden Empfehlungen, die man einfach als Management bezeichnen kann, haben sich als sinnvoll erwiesen:

- ▸ Konfrontationen sollten vermieden werden. Gewalt und Strafen verschlechtern die Situation und führen zur Zuspitzung. Eine Eskalation geht immer mit einer erhöhten Gefährdung aller Beteiligten einher.
- ▸ Hunde und Kinder bis zum Alter von 8 Jahren dürfen in keinem Fall unbeaufsichtigt bleiben. Im Einzelfall sollte das von der Zuverlässigkeit des Kindes und des Hundes

abhängig gemacht und bei Bedarf sogar noch höher angesetzt werden (12 Jahre).

▸ Hunde sollten nicht gezwungen werden, Streicheln oder angefasst werden zu ertragen, weder durch bekannte noch durch unbekannte Erwachsene oder Kinder.

▸ Mittels einer Schleppleine draußen und in der Wohnung kann der betreffende Hund gefahrlos aus der Entfernung manövriert werden.

▸ Andere Menschen und Hunde können geschützt werden, wenn der Hund an der Leine geführt wird.

▸ Kopfhalfter wie z.B. ein „Gentle Leader" oder ein „Halti" ermöglichen eine Kräfteverteilung zu Gunsten des Hundehalters und damit eine verbesserte Kontrolle. Das ist besonders bei kraftvollen großen Hunden empfehlenswert.

▸ Durch einen Maulkorb kann der Gebrauch der Zähne ausgeschlossen und so Menschen und andere Hunde geschützt werden.

Reagieren

Es gibt die unterschiedlichsten Empfehlungen, wie man mit einem aggressiven Hund umgehen und wie man sich verhalten soll, wenn man sich in einer Konfrontation mit solch einem Hund befindet. Leider wird aggressives Verhalten im täglichen Leben sehr häufig unbewusst und unbeabsichtigt verstärkt. Auch wirken die typischen emotionalen Reaktionen, die bei Menschen ganz automatisch ablaufen, verstärkend auf das unerwünschte Verhalten. Viele der in Büchern oder von Hundetrainern immer noch empfohlenen Ratschläge führen in einen Teufelskreis. Es ist zunächst wichtig, dass man sich vor Augen führt, warum ein Hund aggressives Display zeigt oder angreift. Er bezweckt damit, den Abstand zu einem Gegner, einer Konkurrenz oder einer Bedrohung zu vergrößern, oder das, was ihn bedroht und ihm Angst macht, auszuschalten.

Aggressives Verhalten wird zwangsläufig verstärkt durch:
1. Erfolg
2. Reaktionen von Hundehalter oder Hundetrainer wie
   ► Gegenaggression
   ► Versuch der Beruhigung
   ► Vermeiden entsprechender Situationen

Erfolg kann vom Standpunkt des Hundes aus ganz verschieden aussehen:
► Erworbene oder erfolgreich verteidigte Ressourcen sind ein Erfolg.
► Der Konkurrent oder das, was Angst macht, also der angst- und aggressionsauslösende Stimulus, weicht zurück. Ein Mensch z.B., der am Zaun verbellt wird und vorübergeht, ist aus Sicht des Hundes „erfolgreich verjagt" worden. Aber auch schon minimale Körpersignale auf der Gegenseite, ob das nun andere Hunde oder Menschen sind, können Erfolg signalisieren. Wenn ein großer Hund einen anknurrt, löst das unausweichlich Anspannung im Körper, eine Erweiterung der Pupillen und ein minimales Zurückweichen aus: ein Erfolg. Erfolg verstärkt das Verhalten. Die zugrunde liegende Unsicherheit ist bei ausreichend langem Lernen nicht mehr oder nur in kurzen – für unsere Wahrnehmung häufig zu kurzen – Momenten sichtbar. Der Hund lernt, dass er die für ihn „schwierigen Situationen", also Situationen, in denen er sich nicht wohl fühlt, durch aggressives Verhalten „erfolgreich" bewältigen kann. Dadurch wird er in seinem Verhalten immer sicherer, reagiert immer schneller aggressiv und hat zunehmend mehr Erfolg. Das wiederum verstärkt das Verhalten und führt zu weiterem Erfolg. Das Verhalten wird auf diese Weise immer weiter verstärkt und perfektioniert.

Die üblichen Reaktionen von Hundehalter oder Hundetrainer sind wie folgt:
► Gegenaggression = Strafe (Schimpfen, Leinenruck, Schütteln am Nackenfell usw.)

Eine Strafe hat dann den erwünschten Erfolg, nämlich die Unterdrückung des unerwünschten Verhaltens, wenn die erforderlichen lerntheoretischen Prinzipien eingehalten werden (können). Richtig angewendet, könnte also eine Strafe zu einer Unterdrückung des aggressiven Verhaltens führen. Leider verändert sich dabei nicht die Gefühlslage des Hundes. Wenn also das Verhalten auf Unsicherheit und Angst beruht, wird dieser emotionale Zustand eher verstärkt. Das kann dazu führen, dass der Hund zwar Drohsignale unterdrückt, sich aber nicht besser fühlt, sondern eher noch schlechter. Ein Hund, der durch seine Körpersprache aber nicht anzeigt, dass er sich unsicher fühlt und Angst hat, wird weniger berechenbar und damit gefährlicher: Das kann dann zu einem scheinbar „unprovozierten" Angriff führen.

▶ Beruhigen
Es ist nur allzu menschlich, wenn Hundehalter, denen bewusst ist, dass ihr Hund Angst hat, versuchen, diesen zu beruhigen. Das jedoch wird vom Hund als positiv empfunden und verstärkt damit die Häufigkeit und die Intensität des unerwünschten Verhaltens:
Knurren → öfter Knurren;
Knurren → Schnappen → Beißen

▶ Situationen vermeiden
Viele Hundehalter wechseln z.B. die Straßenseite, wenn am Horizont ein „Aggressionsauslöser" auftaucht. Auch das kann vom Hund als Erfolg wahrgenommen werden. Da es jedoch dazu dient, derartige Erregungszustände und Zwischenfälle zu vermeiden, ist es so lange sinnvoll, bis andere Verhaltensweisen eingeübt sind.

Wie verhält man sich am besten?
Im Umgang mit Hunden, die sich aggressiv verhalten, ist zunächst wichtig, dass die Situation weder überbewertet noch unterbewertet wird. Nicht überbewerten bedeutet, dass man als Hundhalter nicht zu Tode erschrecken und davon ausgehen sollte, dass Lumpi jetzt

die Regierung übernehmen will und man daher sofort in diesem Augenblick ein Exempel statuieren muss. Das kann einerseits zu Verletzungen führen, andererseits leidet das Vertrauensverhältnis zwischen Hundehalter und Hund. Das volle Ausmaß einer solch ungünstigen Entwicklung wird leider oft erst nach Monaten oder gar Jahren offenkundig.

Nicht unterbewerten heißt, sich klar zu machen, dass hier ganz offensichtlich etwas nicht so läuft, wie man es gerne hätte. Dieser Tatsache sollte man seine ungeteilte Aufmerksamkeit schenken. Begründungen, die das Verhalten verharmlosen oder rechtfertigen, sind hier sehr gefährlich. Überzeugungen wie „er hat das ja nicht so gemeint", oder „er ist nicht aggressiv, er hat bloß ein bisschen ge-schnappt", oder „er mag halt nicht, wenn man ihn beim Schlafen stört" führen häufig dazu, dass man früher oder später einen Hund hat, der durch sein Verhalten nicht nur den Haushalt, sondern das gesamte Leben tyrannisiert. Wenn ein Hund sich bedrohlich ver-hält, sollten die folgenden Gesichtspunkte als Leitlinien für das Ver-halten von Hundehalter und Umwelt dienen. Eine derartige Situa-tion sollte so gehandhabt werden, dass

- niemand verletzt wird.
- die Erfahrungen, die der Hund in dieser Situation macht, nicht dazu führen, dass das Verhalten sich weiter verschlechtert.
- der oder die betreffenden Hunde, wenn möglich, nicht zu Scha-den kommen.

Da aggressives Verhalten bei Hunden natürlich auch bei Menschen Angst auslöst, ist es selbstverständlich, dass auch beim Menschen die entsprechenden Reaktionen nicht durchdacht ablaufen, son-dern die 4 F übernehmen. Darüber sollte man sich als Mensch im Klaren sein. Es hilft jedoch, wenn man sich, sozusagen im Vorfeld, also bevor man überhaupt in einer derartigen Situation landet, Gedanken darüber macht, was man dann am besten tun soll. Das erhöht zumindest die Wahrscheinlichkeit, dass man in einer prekären Situation angemessen reagieren wird.

Wie soll man sich im Ernstfall verhalten?

Es wäre für jeden, der in einen solchen Vorfall verwickelt wird, empfehlenswert, Ruhe zu bewahren. Man sollte also weder in Geschrei oder Kreischen ausbrechen und auch nicht plötzlich schreiend, kreischend oder fuchtelnd weg rennen. Auch unüberlegt hinrennen, auf einen solchen Hund loszugehen und auf ihn einzuschlagen, sind keinesfalls geeigneten Maßnahmen, um die Lage zu entschärfen.

Die im einzelnen sinnvollen Verhaltensweisen bei einer Konfrontation mit einem Hund hängen unter anderem davon ab, welche Rolle man selbst in dieser Situation spielt.

Man kann:

1. generell Angst vor Hunden haben,
2. von einem unbekannten Hund bedroht oder sogar angegriffen werden,
3. einen Hund haben, der angegriffen wird, oder von dem man glaubt, dass er angegriffen wird,
4. zufällig in einer solchen Situation anwesend sein,
5. einen Hund haben, der sich bedrohlich verhält,
6. vom eigenen Hund angegriffen werden.

1. Sie haben selbst Angst vor Hunden

Bei Menschen, die Angst vor Hunden haben, werden durch die Annäherung oder Anwesenheit eines Hundes eine ganze Reihe von körperlichen Angstreaktionen ausgelöst. Muskelanspannung, beschleunigter Herzschlag, schnellere Atmung und Angstschweiß können nicht einfach unterdrückt werden. Sie sind für Hunde mehr oder weniger deutlich. Außerdem versucht man das, was Angst macht, im Auge zu behalten. Für Hunde signalisiert nun aber die Kombination von Muskelanspannung, vergrößerten Pupillen und vor allem Anstarren einen bevorstehenden Angriff. Das kann – vor allem bei unsicheren Hunden – automatisch unerwünschte Reaktionen wie Bellen, Zurückweichen oder aber auch einen Angriff auslösen.

Es ist ganz klar, je unbefangener man einem Hund gegenübertritt – ohne ihm im wörtlichen Sinn zu nahe zu treten –, desto entspannter ist das Ganze. Das kann aber nicht jeder – Angstreaktionen unterliegen nicht eigenen Willensentscheidungen. Es gibt jedoch Signale, mit denen man bewusst eine Entspannung der Situation fördern kann. Dazu gehört an allererster Stelle, Anstarren und direkten Augenkontakt zu vermeiden und den Kopf etwas abzuwenden. Auch Ausweichen oder auf die andere Straßenseite zu wechseln, sofern das nicht hektisch und in übertriebener Geschwindigkeit geschieht, sind sinnvolle Verhaltensweisen, um Zwischenfälle zu vermeiden. Den Hund oder den Hundebesitzer anschreien, unkontrolliertes Schreien oder Wegrennen verschärfen die Situation im Allgemeinen. Im Übrigen sind Hundehalter, die laut verkünden „Der tut nichts!" wenig hilfreich für Menschen, die Angst vor Hunden haben. Jemand, der darum gebeten wird, seinen Hund anzuleinen, sollte dieser Bitte sofort und ganz selbstverständlich nachkommen, ohne lange nach den Gründen zu fragen.

2. Sie fühlen sich von einem unbekannten Hund bedroht oder werden angegriffen
Es kommt relativ häufig vor, dass Hunde ihnen fremde Menschen verbellen, dabei aber einen gewissen Sicherheitsabstand einhalten. Auch hier vergrößern Gegenaggressionen in Form von Schreien oder Drohbewegungen in Richtung Hund oder das Hochreißen der Arme die eigene Sicherheit nicht.
Das geschieht am besten durch ruhiges Verhalten. Man kann einfach erstarren. Eine leichte Rückzugsbewegung mit gleichzeitiger Körperdrehung zur Seite, so dass man dem Hund nicht mehr frontal gegenübersteht, sondern ihm die Körperseite zuwendet, signalisiert ihm, dass man *nicht* die Absicht zu einer unfreundlichen Auseinandersetzung hegt. Dabei sollte man auch Anstarren vermeiden, stattdessen höchstens versuchen, aus dem Augenwinkel immer wieder vorsichtig zu überprüfen, wie sich die Situation weiterentwickelt. Daraufhin beruhigen sich sehr viele Hunde. Man sollte dennoch nicht gleich entspannt weitergehen, sondern lieber

warten, bis Hund und Besitzer sich entfernen. Wenn der Hund allein zu sein scheint, sollte abgewartet werden, bis er sich von selbst ein Stück weit entfernt hat. Wenn der eigene Weg Richtung Hund führen würde und man sich auf ihn zu bewegt, kann das die Feindseligkeiten wieder von Neuem anfachen.

Fluchtversuche sind nur dann sinnvoll, wenn eine Möglichkeit besteht, innerhalb kürzester Zeit eine Barriere zwischen sich und den Hund zu bringen. Die meisten Hunde sind Menschen im Hinblick auf die körperliche sowie die Reaktionsgeschwindigkeit haushoch überlegen.

Wenn möglich, sollte man bei einem Angriff auf Rückendeckung achten, damit man nicht umfallen kann, und wichtige Körperpartien abdecken. Das wären vor allem Bauch, Hals und Gesicht. Man kann dazu alles, was man trägt, benutzen. Handtaschen, aber vor allem Aktentaschen können Schutz bieten. Der Unterarm ist besser geeignet als die Hände selbst. Es ist einfacher, hinterher die beiden größeren Knochen eines verletzten Unterarmes zu reparieren als eine verletzte Hand, die aus einer Vielzahl kleiner Knochen und Gelenke besteht. Aus diesem Grund sollte man auch versuchen, Handgelenk und Ellenbogen so wenig wie möglich in Gefahr zu bringen.

3. Der eigene Hund wird angegriffen

Je ruhiger und besonnener man reagieren kann, desto besser. In vielen Fällen wird die Situation gerade dadurch verschärft, dass sich Hundehalter in Auseinandersetzungen einmischen. Wenn deutlich wird, dass Hunde einander nicht unbefangen und freundlich gegenübertreten, so heizt es die Situation an, wenn einer oder beide Hundehalter näher zu den Hunden gehen. Weiter verschlechternd wirkt es, wenn auf die Hunde oder den „gegnerischen" Hundehalter eingeschrieen oder gar eingeschlagen wird. Je lauter und aggressiver sich die beteiligten Menschen gebärden, desto größer ist die Wahrscheinlichkeit einer Übertragung der aggressiven Stimmung auf die Hunde.

Grundsätzlich sollte man sich, auch wenn diese Empfehlung außerordentlich schwer zu befolgen ist, nicht einmischen. Dafür sprechen neben den schon erwähnten Gründen noch weitere:

- Es muss aus einer aggressiven Kommunikation ja nicht unbedingt ein Angriff werden.
- Die Gefahr für Menschen, selbst verletzt zu werden, ist groß. Auch kleine Verletzungen durch Hundebisse können sehr folgenschwer sein. Schon der kleinste Hund kann eine Verletzung an der Hand verursachen, die die Funktionsfähigkeit eines oder mehrerer Finger für immer einschränkt. (Bei Hundebissen besteht außerdem ein hohes Infektionsrisiko, daher ist selbst bei kleinen Bissverletzungen eine ausreichend lange Behandlung mit Antibiotika immer sinnvoll.)
- Verletzungen bei Hunden heilen im Allgemeinen sehr viel besser als bei Menschen. Es ist also immer besser, den eigenen Hund zu versorgen, weil er verletzt worden ist, als selbst das Opfer zu sein.
- Im Extremfall – auch wenn das jetzt sehr grausam klingt – kann man einen neuen Hund bekommen, nicht aber einen neuen Zeigefinger oder eine neue Hand.

Wenn man den Eindruck hat, dass sich Probleme anbahnen und man möchte eine weitere Verschärfung vermeiden, so sollten sich die Halter der betreffenden Hundehalter zügig voneinander entfernen, also in einander entgegengesetzter Richtung davongehen. Rennen oder Hund anleinen und wegzerren sind als Lösung eher weniger geeignet.

An Hunden, die ineinander verbissen sind, sollte man nicht zerren, da das Zerren massive Rissverletzungen verursachen kann. Durch gleichzeitiges Festhalten beider Hunde kann man dafür sorgen, dass sie sich nicht mehr bewegen können. Das verhindert Schütteln und Nachfassen und beugt weitergehenden Verletzungen vor. Anschließend kann man sich Gedanken darüber machen, wie die Situation am besten aufgelöst werden kann. Dasselbe gilt auch im Zusammenhang mit einer Attacke auf einen Menschen.

4. Sie sind zufällig in einer solchen Situation anwesend

Auch für zufällig Anwesende gilt, dass Einmischen oder Geschrei die am wenigsten sinnvolle Reaktion ist. Wünschenswert wäre jedoch, wenn zufällige Beobachter anwesend bleiben, um eventuell erste Hilfe zu leisten oder als Zeuge zur Verfügung zu stehen. Die Betroffenen sind in einer solchen Situation häufig so überfordert, dass ein Außenstehender, sofern er den Kopf behält und Ruhe bewahrt, eine willkommene Hilfe sein kann.

5. Der eigene Hund verhält sich aggressiv

Wenn der eigene Hund sich in der Öffentlichkeit, also anderen Menschen, anderen Hunden oder anderen Tieren gegenüber bedrohlich gebärdet, ist der Hundebesitzer, in jedem Fall beim ersten Mal, völlig überrascht und meist überfordert. Da starke gefühlsmäßige Reaktionen die Gefahr von Schäden für alle Beteiligten grundsätzlich vergrößern, sollte man in jedem Fall versuchen, Ruhe zu bewahren und den Überblick zu behalten. So können einerseits Katastrophen so weit wie möglich verhindert und andererseits dafür gesorgt werden, dass sich das Verhalten des Hundes aufgrund des Zwischenfalles nicht weiter verschlechtert.

Unabhängig davon, ob sich andere „falsch" verhalten haben, ist der Hundehalter zunächst auf sich allein gestellt und ausschließlich selbst für seinen Hund verantwortlich. Er darf auch von seiner Umwelt nicht erwarten oder gar fordern, dass diese angemessen reagiert. Gleichzeitig ist er in starkem Maß dem Druck der Umwelt ausgesetzt. Es wird von ihm erwartet, dass er seinen Hund für sein unerwünschtes Verhalten maßregelt, ob er sich nun an der Leine befindet oder nicht. Häufig wird hier sogar durch fremde Personen tatkräftig eingegriffen.

Leider hat es sich erwiesen, dass in einer derartigen Situation jede strafende Einwirkung auf den Hund das Verhalten in vielen Fällen nicht nur in diesem Augenblick verschlechtert, sondern auch für die Zukunft. Daher sollten Schreien sowie aggressive Aktionen dem Hund aber auch beteiligten Menschen gegenüber unbedingt unterbleiben.

Wenn ein Hund in der Öffentlichkeit einen anderen Hund angreift, ist es empfehlenswert, sich ebenso zu verhalten, wie es weiter vorn für den Halter eines angegriffenen Hundes beschrieben wurde:

wenn möglich nicht einmischen, unter anderem aus versicherungstechnischen Gründen. Wenn jedoch andere Menschen und besonders wenn Kinder involviert sind, sollte der Hundehalter sofort alles Mögliche und Erforderliche tun, um den Hund von seinem Opfer zu trennen und zu entfernen. Am besten geeignet wäre, zunächst das Tier und eventuell das Opfer so festzuhalten, dass keine weiteren Bissverletzungen angebracht werden können. Am Hund zerren, wegreißen und oder auf ihn einschlagen führt zu weiteren und oft schwereren Verletzungen. Sobald es gelungen ist, Opfer und Hund zu trennen, sollte der Hund irgendwo sicher angebunden werden, damit man sich um das Opfer kümmern kann. Es hat auch jetzt keinerlei positive Auswirkungen, wenn der Hund abgestraft wird.

Während aggressive Displays zum normalen Verhaltensrepertoire gehören, zeigen Verletzungen immer an, dass der oder die involvierten Hunde nicht ausreichend sozial kompetent und daher der Lage nicht gewachsen waren. Der Hundehalter sollte daher auch kleine Verletzungen nicht bagatellisieren, sondern grundsätzlich ernst nehmen.

Wenn der eigene Hund sich an der Leine gegenüber Menschen, anderen Hunden oder anderen Tieren bedrohlich gebärdet und/ oder bei deren Annäherung tobt, sollte man:

► nicht an der Leine reißen, sondern sie nur gut festhalten und einen festen Standpunkt für sich selbst suchen; evtl. den Hund an einem Baum oder Zaun festbinden oder wenigstens die Leine darum schlingen.

► das Verhalten ignorieren. Ignorieren bedeutet: nicht ansehen, nicht ansprechen, nicht anfassen: dadurch vermeidet man, dass das unerwünschte Verhalten unbeabsichtigt verstärkt wird;

► den Hund in keiner Weise bestrafen, da dadurch das Verhalten nicht verbessert wird;

► sobald er sich wieder beruhigt hat und angemessen verhält, den Hund loben und beruhigen, weil damit das erwünschte, ruhige Verhalten verstärkt wird.

Insbesondere wenn man durch das Verhalten völlig überrascht

wird, sind diese Verhaltensempfehlungen außerordentlich schwer durchführbar. Sie sind allerdings die einzige Möglichkeit, in diesem Augenblick zunächst zu verhindern, dass sich das Verhalten fortlaufend weiter verschlimmert. Ebenfalls hilfreich kann sein, wenn man an einer möglichst sicheren Stelle stehen bleibt, und/oder wenn man den Sichtkontakt zwischen Hund und dem „Auslöser" für das Verhalten unterbrechen kann. Dazu könnte man auf die andere Straßenseite wechseln oder geparkte Autos zwischen den Hund und den „Auslöser" bringen.

6. Man wird vom eigenen Hund bedroht

Da die meisten Menschen ihrem Hund wohlgesonnen sind, ist es für sie ein Schock, wenn dieser Hund ihnen gegenüber ein aggressives Display zeigt. Schon beim Welpen gilt es als das größte aller Hundeverbrechen, Herrchen und Frauchen anzuknurren oder gar nach ihnen zu schnappen.

Es ist natürlich vom Alter und der Größe des Hundes sowie der eigenen körperlichen Verfassung abhängig, ob man sich ärgert und herausgefordert fühlt, oder ob man das Gefühl hat, ernsthaft in Gefahr zu sein. Allerdings sollte man nicht vergessen, dass auch die Milchzähne eines Welpen sehr schmerzhafte Verletzungen setzen können.

Generell besteht der oberste Grundsatz darin, diese unerfreuliche und möglicherweise gefährliche Situation so zu beenden, dass niemand zu Schaden kommt. Dazu gehört auch, dass das Verhalten des Hundes durch die eigenen Reaktionen nicht weiter verschlechtert wird. Es geht hier also keinesfalls darum, ein Exempel zu statuieren. Schaden kann am besten vermieden werden, wenn dem drohenden Hund signalisiert wird, dass keine weitere Konfrontation beabsichtigt ist. Das geschieht in erster Linie, indem man sich *nicht weiter annähert.*

Wenn man sich in der aktuellen Situation sehr gefährdet fühlt, sollte man jede Bewegung, vor allem in Richtung Hund, vermeiden. Zusätzlich kann man auch als Mensch Beschwichtigungssignale anwenden: Blick und Kopf abwenden, Blinzeln, wenn möglich, den

Oberkörper seitlich wegdrehen. Meist lassen dann die Drohsignale deutlich nach, und man kann sich langsam entfernen. Es kann die Rettung vor dem Krankenhaus bedeuten, wenn man sich rechtzeitig an den Satz erinnert: der Klügere gibt nach. Wenn man sich, um den Hund „zu bestrafen", in diesem Moment auf eine körperliche Auseinandersetzung einlässt, besteht die Gefahr, dass man selbst verletzt wird. Außerdem verschlechtert es im Allgemeinen das Verhalten des Hundes in der Zukunft. Den Hund später zu bestrafen – ob durch Züchtigung oder „nicht mehr mit ihm sprechen" hat keinen Zweck, weil eine Verknüpfung mit dem unerwünschten Verhalten nicht mehr erfolgt.

Ein Hund, der gegenüber einem Familienmitglied Drohverhalten zeigt, ist deswegen noch nicht bösartig oder gar verrückt. Er zeigt ein Verhalten, das in einer für den Hund beunruhigenden Situation durchaus angemessen ist. Es ist jedoch keinesfalls wünschenswert, kann außerordentlich gefährlich werden und sollte daher als Warnsignal absolut ernst genommen werden.

Sobald also eine solche Situation erst einmal ohne Schaden für die Beteiligten aufgelöst ist, sollte man sich möglichst sofort den Ablauf der Situation genau vor Augen halten – am besten sogar alles aufschreiben. Auf diese Weise kann man dann das Vorgehen für die Zukunft planen. Dazu gehört, dafür zu sorgen, dass dasselbe nicht wieder passieren kann, und dass der Hund lernt, sich angemessen zu verhalten. In vielen Fällen ist es empfehlenswert, möglichst frühzeitig sachkundige professionelle Hilfe zu suchen.

Ändern

Gefährliches Verhalten bei Hunden muss nicht einfach so hingenommen werden. Außer wenn unabänderliche organische Schäden daran beteiligt sind, können geeignete Vorgehensweisen das Verhalten beeinflussen und bessern. Hier sollte zwischen Hundeschule und Verhaltenstherapie klar unterschieden werden. Tierverhaltenstherapie macht sich die biologischen Grundlagen des Lernens, die schon weiter vorn angesprochen wurden, zunutze. In der

Humanmedizin wird diese Form der Therapie von Krankenkassen anerkannt und bezahlt – ein Kriterium für ihre Wirksamkeit. Eine Verhaltenstherapie beinhaltet eine klare Diagnose. Dazu gehört unter anderem auch eine tierärztliche Untersuchung, die abklären soll, ob eine organische Erkrankung, ob Schmerzen für das Verhalten mitverantwortlich sind. Außerdem erfolgt eine Prognose, d.h. der Behandelnde äußert sich dazu, wie die Aussichten für eine Änderung sind, und wie lange das voraussichtlich dauert. Anschließend wird ein individuell auf diesen Hund und seine Bezugspersonen zugeschnittener Therapieplan erstellt, in dem – möglichst schriftlich – die Vorgehensweise im Einzelnen genau festgehalten wird.

Ein Therapieplan sollte auch theoretisches Grundwissen über Hundeverhalten vermitteln, das dem derzeitigen Stand der Wissenschaft entspricht, sowie Grundlagen der Lernbiologie enthält. Die genaue Vorgehensweise sollte verschiedene Schritte umfassen:

▸ **Die Klarstellung der Rangordnung** über die Verwaltung der Ressourcen: der Hund bekommt nichts mehr umsonst, also nichts ohne Gegenleistung. Das betrifft Zuwendung ebenso wie Futter oder alles andere, was er gern haben oder tun möchte.

▸ **Konfrontationen und Strafen werden vermieden.** Sie beeinflussen sowohl die Beziehung zwischen Hund und Halter negativ wie auch das Verhalten selbst. Außerdem können sie zu einer Gefährdung aller Beteiligten führen.

▸ **Die Auslöser für das unerwünschte Verhalten werden identifiziert.** Die diesbezügliche Gefühlslage des Hundes kann dann durch Desensibilisieren und Gegenkonditionieren geändert werden.

a) Desensibilisierung: es wird eine schrittweise Annäherung geübt, die in so kleinen Schritten erfolgen muss, dass die unerwünschte Reaktion nicht ausgelöst wird.

b) Gegenkonditionierung: Beim Erscheinen des Auslösers für das unerwünschte Verhalten erscheint etwas, was der Hund sehr gern hat – leckeres Futter oder ein tolles Spielzeug. Bei richtigem und ausreichend langem Üben findet eine Verbindung zwischen dem Auslöser und den angenehmen Dingen statt. Dann ruft der Auslöser angenehme Gefühle und nicht mehr das unerwünschte Verhalten hervor. Aber Vorsicht: wenn man beim Üben zu schnell vorgeht und der Auslöser das unerwünschte Verhalten in voller Stärke hervorruft, wird der Trainingsverlauf beeinträchtigt und eventuell sogar ein Rückfall eintreten.

► **Einzelne Übungen**

a) Entspannungsübungen: Wenn man lange genug übt, kann man durch ein bestimmtes Signal, z.B. eine Berührung oder ein Wort, den Hund in einen Entspannungszustand bringen. Das beruht auf denselben Vorgängen wie autogenes Training.

b) Verhaltensweisen wie „Sitz", oder „Schau mich an" werden neu, ohne Zwang, ohne Druck und ohne Strafe trainiert. Der Hund soll das gewünschte Verhalten gern ausführen und sich dabei entspannt und gut fühlen. Als Belohnung kann alles eingesetzt werden, was der Hund in diesem Augenblick gern haben oder machen möchte: Futter, Spielzeug, ein Spiel oder Zuwendung. Die „Strafe" besteht im Zurückhalten der Belohnung.

c) Verhaltensweisen, die das unerwünschte Verhalten unmöglich machen: ein Hund, der dicht vor seinem Halter sitzt und sich auf den konzentriert, kann einen entgegenkommenden Hund nicht bedrohen.

Am besten arbeitet man an den aufgeführten Punkten sozusagen parallel. Das Lernen neuer Verhaltensweisen verbessert die Kontrolle des Hundes durch den Hundehalter. Kritische Situationen können dadurch leichter gehandhabt werden. Durch Desensibilisieren wird erreicht, dass der Hund angstauslösende Faktoren in immer geringerer Entfernung erträgt. Gegenkonditionierung führt dazu, dass Angstauslöser nicht mehr Angst auslösen, sondern als angenehm empfunden werden. Diese Vorgehensweise ist langwierig, aber erfolgreich. Grundsätzlich sollte Erfolg bei unerwünschtem Verhalten vermieden werden, und erwünschtes Verhalten zu Erfolgserlebnissen führen.

Bei der **Durchführung einer Verhaltenstherapie** muss beachtet werden, dass sie vom gesamten Umfeld des Hundes abhängig ist. Eine

Gefährdung von Öffentlichkeit, dem Hundehalter, seinen Angehö-
rigen und anderen Personen aus dem Umfeld des Hundes muss
ausgeschlossen sein. Insbesondere ist hier natürlich die Anwesenheit von Kindern zu berücksichtigen.

Es ist von Bedeutung, inwieweit Hundehalter und Angehörige die
erforderlichen Maßnahmen durchführen *können*. Das ist sowohl
eine Frage der körperlichen Einsatzfähigkeit und Geschicklichkeit
der beteiligten Menschen als auch eine Frage der Zeit, die für die
Arbeit zur Verfügung steht. Der Erfolg einer Therapie ist davon
abhängig, wie motiviert Hundehalter und Angehörige an den Pro-
blemen arbeiten können und wollen.

Das **Alter** eines Hundes ist insofern von Bedeutung, als ältere
Hunde meist schon über eine lange Zeit das unerwünschte Verhalten ausgeübt haben. Es ist schwerer, alte Gewohnheiten zu ändern,
und ältere Hunde, wie ältere Menschen, lernen nicht mehr so
schnell. Das macht Umlernen langwieriger. Aus diesem Grund
kann es empfehlenswert sein, einen Hund, der in seiner Familie
unerwünschtes Verhalten zeigt, an einen neuen Platz zu geben. Es
kann einfacher sein, in einer neuen Umgebung mit neuen Menschen ganz neue Gewohnheiten aufzubauen, als in der gewohnten
Umgebung ein neues Verhalten einzuüben.

Jagdverhalten

Hunde, die beißen, werden landläufig als aggressiv bezeichnet. In vielen Fällen ist diese Bezeichnung jedoch unzutreffend. Dem gefährlichen Verhalten liegt häufig nicht aggressives Verhalten zugrunde, sondern Jagdverhalten. Jagdverhalten und aggressives Verhalten unterscheiden sich grundlegend. Durch aggressives Verhalten soll die Entfernung zu einer möglichen Bedrohung vergrößert werden. Jagdverhalten dagegen bezweckt die Verringerung der Distanz zu einer ins Auge gefassten Beute mit dem Ziel, diese zu erfassen und zu töten. Jagdverhalten läuft zielorientiert ab. Eine Kommunikation mit dem Ziel einer gegenseitigen Verständigung findet nicht statt. Die neurophysiologischen Vorgänge, die beim Jagen im Gehirn ablaufen, unterscheiden sich nachweisbar grundlegend von denen, die sich bei aggressivem Verhalten abspielen.

Die Fähigkeit des Hundes, den Menschen bei der Jagd zu unterstützen, war wahrscheinlich einer der Gründe für die Domestikation. Die heute existierenden zahlreichen Jagdhunderassen legen Zeugnis darüber ab, wie vielfältig diese Hilfe sein kann. So gibt es einerseits „Allroundkönner", die ein ausgewogenes Maß aller für die Jagd erforderlichen Eigenschaften und Verhaltensweisen besitzen. Andererseits hat man einzelne Verhaltensweisen, die schon im Jagdverhalten des Wolfes vorhanden sind, mittels einer gezielten Auswahl der Elterntiere absichtlich verstärkt und so Spezialisten für besondere Aufgaben gewonnen. Manche Rassen können besonders gut mit erhobenem Kopf einer Duftspur folgen, andere z.B. mit tiefer Nase Wild anhand seiner Fährte aufspüren. Vorstehhunde wiederum zeigen durch eine bestimmte Körperhaltung die Anwesenheit von Wild an. Windhunde sind dank ihrer guten Augen und körperlichen Leistungsfähigkeit in der Lage, ein Beutetier zu verfolgen und einzuholen.

Durch eine entsprechende **Zucht** können einzelne Anteile des Jagdverhaltens einerseits verstärkt, andererseits aber auch abgeschwächt oder ganz entfernt werden. Das ermöglicht die Nutzung von aus dem Bereich des Jagdverhaltens stammenden Verhaltensweisen für andere Zwecke. Das gilt z.b. für das „Hüten", wie es z.b. der Border Collie zeigt. Allerdings fehlt hier die Endhandlung des Jagens, das Töten.

Auslöser von Jagdverhalten

Lernen vergrößert die Anpassungsfähigkeit an die verschiedensten Umweltbedingungen und damit auch die Überlebensfähigkeit. Für den Bereich Jagdverhalten wäre vorstellbar, dass dem „Grundmodell Wolf" nur die wirklich notwendigen Auslöser für Jagdverhalten, z.b. Bewegung und bestimmte Geräusche, angeboren sind. Da sich das Spektrum der Beutetiere danach richtet, wo ein Wolf lebt, könnte der Geruch der wichtigen Beutetiere mittels der von der Mutter vorgelegten Beute früh- und rechtzeitig erlernt werden. Hunden ist Jagdverhalten, abhängig von Rasse und Individuum, in unterschiedlichem Ausmaß angeboren. So können die für erfolgreiches Jagen erforderlichen Verhaltensweisen komplett vorhanden sein, es können aber auch einzelne Abschnitte, z. B. der Tötungsbiss, fehlen. Die Wirksamkeit der angeborenen Auslöser kann bei verschiedenen Hunden unterschiedlich stark sein.

Grundsätzlich kann alles, was sich bewegt, Nachfolgen und Hetzen auslösen. Da das *mögliche* **Beutespektrum** Lebewesen jeder Art und Größe umfasst, können das neben jeglicher Art von Wild auch landwirtschaftliche Nutztiere, Jogger, Reiter, rennende und spielende Kinder, Skateboardfahrer, Autos, Radfahrer oder sogar andere Hunde sein. Was letztendlich als Beute und damit jagdbares Objekt angesehen wird, ist eine Frage des Lernens, also der individuellen Erfahrungen jedes einzelnen Hundes.

Es werden auch immer wieder Fälle bekannt, in denen Säuglinge, die man mit dem bis zu diesem Zeitpunkt harmlosen und unauffälligen Familienhund allein gelassen hatte, von diesem getötet wurden. Hier werden Geruch, Geräusche und mögliche Abwehrbewegungen als Auslöser für möglich gehalten.

Auftreten von Jagdverhalten

Jagdverhalten unterliegt einer Reifung. Der Zeitpunkt des ersten Auftretens ist daher dementsprechend individuell verschieden und kann auch erst vergleichsweise spät, im Alter von ein bis zwei Jahren, liegen. Für manchen Hundehalter, dessen Hund während seines ersten Lebensjahres nicht die geringsten Anzeichen für Jagdverhalten gezeigt hat, kann daher das erste Jagen seines Hundes sehr überraschend kommen.

Den meisten Hundehaltern wird Jagdverhalten als Problem leider meist erst in dem Augenblick bewusst, wenn sich unangenehme Zwischenfälle häufen: wenn Purzel nicht mehr nur sein eigenes Spielzeug jagt, sondern im Park den Ball spielender Kindern erlegt; wenn er plötzlich im Wald verschwindet und erst nach geraumer Zeit hechelnd wieder auftaucht; wenn er hinter Radfahrern und Joggern herhetzt oder versucht, einem fahrenden Auto in die Reifen zu beißen. Jagdverhalten kann nicht nur sehr lästig, sondern durch die zugrunde liegende Zielsetzung, nämlich das Fangen und Töten, auch sehr gefährlich werden. Das hängt unter anderem davon ab, was ein Hund als mögliche Beute betrachtet, und ob die gesamte Verhaltenskette des Jagens einschließlich Zubeißen und Töten gezeigt wird.

Im Umgang mit Jagdverhalten sind, wie bei aggressivem Verhalten, die folgenden Gesichtspunkte von Bedeutung:

▶ Woran erkenne ich Jagdverhalten?
▶ Wie gehe ich damit um?
▶ Kann man vorbeugen?
▶ Kann man es ändern?

Was kennzeichnet Jagdverhalten?

Für den Umgang mit Jagdverhalten ist zunächst einmal erforderlich, dass man schon die Anfänge erkennt. Schon die ersten Ansätze müssen ernst genommen werden. Sätze wie „der will bloß spie-

len" sind für einen schreckensstarren Jogger keine Hilfe. Sie sind im Gegenteil ein Indiz dafür, dass dem Hundehalter entweder gar nicht bewusst ist, dass dieses Verhalten gefährlich werden kann, oder dass er es verharmlost.

Die beim Jagdverhalten **auftretenden Verhaltensweisen**, weiter vorn schon genauer beschrieben, beinhalten Suchen, Erstarren, Fixieren, Lauern, Anschleichen, Warten/Lauern, Nachfolgen, Hetzen, Vorspringen und Angreifen, und schließlich, falls erforderlich, Kampf, Niederreißen oder -ringen, und Tötungsbiss oder Totschütteln. Im Spiel mit anderen Hunden werden, abgesehen natürlich vom Tötungsbiss, diese Verhaltensweisen ebenfalls gezeigt. Das führt dazu, dass Jagdverhalten von Hundehaltern häufig als Spielverhalten wahrgenommen und nicht richtig eingeschätzt wird. Eine einigermaßen richtige Einordnung ist anhand des Vergnügens der „Spielteilnehmer" möglich. Spiel hört auf, sobald ein Spielpartner keinen Spaß mehr hat. So ist Belauern mit anschließenden Überfällen, in denen grob gerempelt wird oder auch das Hetzen eines einzelnen Hundes durch eine ganze Gruppe schon kein Spiel mehr. Die immer wieder bei solchen „Rennspielen" im hinteren Körperbereich auftauchenden Rissverletzungen sind keine Unfälle, sondern sprechen eine deutliche Sprache.

Erste Anzeichen von Jagdverhalten
Schnüffeln am Boden, eine Geruchskontrolle der Luft mit erhobenem Kopf und die genaue Beobachtung der Umgebung werden ebenfalls meist nicht als das erkannt, was sie sind: der erste Schritt zum Jagen. Spätestens in dem Augenblick, wenn ein Hund ein sich bewegendes Objekt oder ein anderes Tier scharf ins Auge fasst, hat er mit der Jagd begonnen.
Die Motivation zur Jagd ist durch eine hohe Erregungslage gekennzeichnet. Ein Hund, der durch die Leine daran gehindert wird, eine Beute anzugreifen oder sie zu verfolgen, zeigt unter anderem eine angespannte Körperhaltung und hochfrequentes Schwanzwedeln mit hoher Rute. Plötzliches Vorspringen kann den überraschten

Hundebesitzer völlig aus dem Gleichgewicht bringen. Der Hund kann erregte Laute von sich geben, die sich bis zum Schreien steigern können. In einer derartigen Situation kann die Frustration des Hundes solche Ausmaße annehmen, dass aggressives Verhalten ausgelöst werden kann.

Wie geht man damit um?

Jeder Hund, gleichgültig welchen Alters, der unkontrolliert hinter irgend etwas Beweglichem herhetzt, seien das nun sich bewegende Menschen, Tiere oder Fahrzeuge, stellt eine potentielle Gefahr dar. In der heutigen Gesellschaft sollte genau genommen Jagdverhalten in jeder Form unter Kontrolle stehen. Das beinhaltet letztendlich auch Spiele, denen Jagdverhalten zugrunde liegt.

Leider ist nicht immer auf den ersten Blick deutlich, ob es sich um die Verfolgung einer Beute handelt, um aggressives Verhalten oder nur den „harmlosen" Versuch einer Kontaktaufnahme.

Die meisten „betroffenen", also verfolgten Hunde lernen in ihrer frühesten Jugend, während der Sozialisation, dass die sicherste Gegenmaßnahme darin besteht, sofort stehen zu bleiben und gegebenenfalls Beschwichtigungssignale zu zeigen. Für einen gut sozialisierten Hund wird dadurch klar, dass es sich um einen Artgenossen handelt. Beute dagegen versucht nicht, mit dem Jäger zu kommunizieren.

Für Menschen, die von einem Hund verfolgt werden, trifft das ebenfalls zu. Unabhängig davon, ob man rennt, joggt, mit dem Fahrrad unterwegs ist oder Skateboard fährt, ist „Bewegung einstellen" das oberste Gebot. Das gilt in jedem Fall, es sei denn, man ist *unter Garantie* schneller als der Hund oder kann sich rasch irgendwo in Sicherheit bringen. Sobald der Auslöser „Bewegung" wegfällt, wird zumindest die Verhaltensweise „Hetzen" nicht weiter angeregt. Von diesem Augenblick an jedoch gibt es keine Ratschläge, die Sicherheit garantieren und davor schützen, gebissen zu werden. Das liegt in erster Linie an den individuellen Eigenschaften des Hundes.

Ein Hund, der mit Menschen gut sozialisiert ist – abgesehen von sich schnell bewegenden Menschen –, wird anhalten und auf einen ihm frontal gegenüberstehenden Menschen mit möglicherweise freundlicher Kontaktaufnahme reagieren. Ein Hund, der weniger gut sozialisiert ist, kann jetzt eine Angstreaktion auf einen frontal stehenden Menschen zeigen, also Verbellen oder Annäherung und Schnappen. Abwehrbewegungen können ein solches Verhalten weiter verstärken. Ein Hund, der eine geringe Toleranz gegenüber Frustration besitzt, kann beißen, weil diese Situation ihn überfordert. Er kann nicht damit umgehen, dass seine Beute plötzlich keine Beute mehr ist, und diese Frustration kann aggressives Verhalten auslösen.

Dies ist nur eine Auswahl von möglichen Beispielen. Es ist also auch hier in erster Linie Sache des Hundehalters, für ein angemessenes Verhalten seines Hundes zu sorgen. Das kann durch körperliche Kontrolle erfolgen, d.h. der Hund wird, wo erforderlich, mit oder ohne Maulkorb an der Leine geführt. Arbeitsaufwendiger ist eine geistige Kontrolle, also das Einüben der erwünschten Verhaltensweisen.

Erfolgreiche Jagderlebnisse vermeiden

Unter Fachleuten besteht über den Umgang mit Jagdverhalten insofern Einigkeit, als *erfolgreiche* Jagderlebnisse grundsätzlich möglichst vermieden werden sollten. Als erfolgreich gilt in diesem Zusammenhang *jedes* Hinter-einer-möglichen-Beute-Herhetzen. Da Jagen ein sich selbst belohnendes Verhalten ist, belohnt schon das Hetzen allein den Hund. Das verstärkt das Verhalten, selbst wenn keine Beute gemacht wird. Hunde sollten daher überhaupt nicht die Möglichkeit zum Hetzen erhalten. In Gebieten, in denen man Wild vermutet, sollten sie grundsätzlich angeleint geführt werden. Dieser Ansatz wird von manchen Fachleuten dahingehend ausgeweitet, dass auch Jagdspiele gemieden werden sollten, um so zu verhüten, dass Jagdverhalten unbeabsichtigt weiter verstärkt wird.

Wie kann man vorbeugen?

Grundlage für das erwünschte Verhalten von Hunden gegenüber Umwelt und anderen Lebewesen bildet die Sozialisierung und Habituation (siehe S. 26). Durch ausreichenden und richtig strukturierten Kontakt mit der Umwelt kann auch die Entwicklung von Jagdverhalten gesteuert werden.

Grundsätzlich werden Lebewesen, die als „Sozialpartner" erfahren werden, nicht als mögliche Beute angesehen. Bei einem Hund, der ausreichend viele verschiedene Tiere einer Tierart kennen gelernt hat, kann es sogar zu einer Generalisierung kommen. Dann werden *alle* und nicht nur die *persönlich bekannten* Mitglieder dieser Tierart nicht mehr als Beute betrachtet. Das gilt für andere Haustiere wie Katzen ebenso wie für sich schnell bewegende Menschen, z.b. rennende und spielende Kinder, Jogger, Radfahrer oder Skateboardfahrer, aber auch Autos oder Reiter. Auf demselben Prinzip beruht die Gewöhnung an landwirtschaftliche Nutztiere oder auch an Wild.

Je weniger **Jagderfahrung** ein Hund machen kann, desto besser. Da aber Jagen nicht erst mit der Verfolgung der Beute beginnt, werden die Anfänge von Jagdverhalten beim Welpen häufig übersehen. Außerdem ist den wenigsten Hundehaltern bewusst, dass ein Verhalten, das bei einem Welpen „lustig" erscheint, beim erwachsenen Hund hochgefährlich werden kann. Daher erfolgt oft unbeabsichtigt und unbewusst eine Verstärkung durch den Hundehalter. Man sollte also einem Welpen gar nicht erst die Gelegenheit geben, ein mögliches Beutetier intensiv zu beobachten oder es spielerisch zu verfolgen. Auch aufgeregtes Anstupsen mit der Nase ist nicht unbedingt eine freundliche Geste.

Hier können amüsiertes Zuschauen ebenso wie Tadel oder Strafe, sofern diese nicht richtig durchgeführt werden, verstärkend wirken und sollten unbedingt vermieden werden.

Neben Sozialisierung und Habituation sollte zudem gleichzeitig gezielt ein **erwünschtes Verhalten** antrainiert werden. Man kann z. B. von Anfang an einem Welpen beibringen, sich bei dem

Anblick möglicher Beute sofort seiner Bezugsperson zuzuwenden. Entsprechende Übungen können schon in einer Welpengruppe unter fachkundiger Anleitung geschehen.

Eine weitere Möglichkeit besteht darin, **ritualisierte Jagdspiele** einzuüben. Dabei wird das Jagdverhalten ganz gezielt auf ein bestimmtes Beuteobjekt, z.b. ein besonderes Spielzeug, gelenkt. Das Jagdverhalten wird auf diese Weise kanalisiert und der Hund hat die Möglichkeit, sozusagen in einer erlaubten Form zu jagen. Diese Vorgehensweise, obwohl entgegengesetzt der weiter vorn erwähnten völligen Vermeidung von Jagdspielen, ist erfolgreich, sofern der Aufbau richtig durchgeführt wird.

Wie kann man es ändern?

Unerwünschtes Verhalten zu ändern, ist immer sehr viel aufwendiger, als rechtzeitig vorzubeugen. Das gilt in ganz besonderem Maß für ein Verhalten, das angeboren und für das Überleben so unerlässlich ist wie Jagdverhalten. Häufig werden hier drakonische Strafen als Mittel der Wahl empfohlen. Grundsätzlich lässt sich unerwünschtes Verhalten durch den Einsatz von Strafen unterdrücken. Dazu müssen aber die lerntheoretischen Prinzipien, auf denen die Wirksamkeit einer Strafe beruht, befolgt werden: Strafen müssen im richtigen Augenblick erfolgen, d.h. zu Beginn des unerwünschten Verhaltens; sie müssen so stark sein, dass das unerwünschte Verhalten auf der Stelle abgebrochen wird; sie müssen jedes Mal erfolgen, wenn das unerwünschte Verhalten gezeigt wird. Werden diese Kriterien nicht eingehalten, ist es für einen Hund nicht möglich, den Zusammenhang zwischen Verhalten und Strafe, also der Folge seines Verhaltens, überhaupt herzustellen. Das führt einerseits dazu, dass der Hund nicht das Gewünschte lernt, und andererseits, dass die Beziehung zwischen Hund und Halter beeinträchtigt wird.

Leider kann es auch bei einem korrektem Einsatz von Strafen zu einer Fülle von unerwünschten Nebenwirkungen kommen. So können Stresssymptome und -erkrankungen auftreten, aggressives Verhalten oder auch unkontrollierbare Angstzustände.

Erwünschtes Verhalten einüben

Eine weitere Möglichkeit, unerwünschtes Jagdverhalten in den Griff zu bekommen, besteht darin, andere Verhaltensweisen zu trainieren. Ein Hund kann lernen, sich beim Anblick oder dem Geruch von Wild sofort auf seine Bezugsperson zu konzentrieren. Auch der Aufbau einer mit dem Jagdverhalten konkurrierenden starken Motivation wäre möglich. Dazu ist jedoch ein sorgfältiger und durchdachter Aufbau des Trainings erforderlich.

Unerwünschtes Jagdverhalten unter Kontrolle zu bringen, ist in jedem Fall zeitaufwendig. Das gilt selbst für einen korrekten Einsatz von Strafe. Mit einer einmaligen Anwendung ist das Problem nicht gelöst. Das Trainieren einer anderen Verhaltensweise dauert ebenfalls seine Zeit. Allerdings kann mit dem heutigen Wissen und modernen Methoden ein solches Training vergnüglich für beide Seiten, Hundehalter und Hund, gestaltet werden.

Ein Wort zum Schluss

Eine tatsächliche Reduzierung der Anzahl von Hundebissen und damit der Gefährdung der Öffentlichkeit kann in erster Linie über die drei Zielgruppen erreicht werden, die sich einerseits durch ihre erhöhte Gefährdung und andererseits durch ihre besondere Verantwortung auszeichnen: Hundehalter, Eltern und Kinder und Hundezüchter. Die Grundvoraussetzung besteht in einer Verbesserung der Kenntnisse über Hunde und deren Verhalten in allen drei Gruppen. Man kann grundsätzlich von einem Hund keine Leistung erwarten, die ihm nicht vorher beigebracht und ausreichend mit ihm geübt wurde. Auch Leistung „aus Liebe" ist nicht zu erwarten, – es sei denn, man nimmt den Satz „Liebe geht durch den Magen" absolut wörtlich. Wer allerdings Leistung für Futter (oder natürlich für irgendeine andere Ressource wie Spielzeug, Zuwendung oder Jagd- und Suchspiele) fordert, und das dem Hund unmissverständlich klar macht, hat gute Karten für eine erfolgreiche Beziehung. Weiterhin muss sozialverträgliches Verhalten bei Hunden als Zuchtziel an die erste Stelle gesetzt werden. Insgesamt sollte die Erwartungshaltung gegenüber Hunden, ob von Seiten der Hundehalter, der Öffentlichkeit oder von Ordnungsbehörden, mehr an die Realität angepasst werden.

Service

Quellen

Argumentarium der Arbeits-
gruppe „Gesetzgebung gefährliche
Hunde" des Bundesamtes für
Veterinärwesen (2000). Bundes-
amt für Veterinärwesen, 3003
Bern.

American Veterinary Medical
Association Task Force on Canine
Aggression and Human-Canine
Interactions (2001). A community
approach to dog bite prevention.
1732 Vet Med Today: Canine
Aggression Task Force: JAVMA,
Vol.218, No 11.

Carlson, N.R.(1994): Physiology of
behaviour. Allyn and Bacon, ISBN
0205157351.

Empfehlungen der Arbeitsgruppe
„Gesetzgebung gefährliche Hunde" des Bundesamtes für Veterinärwesen (2000). Bundesamt für
Veterinärwesen, 3003 Bern.

Horisberger, U. (2002): Medizi-
nisch versorgte Hundebisse in der
Schweiz. Opfer – Hunde – Unfall-
situationen.
Inaugural–Dissertation am Institut
für Genetik, Ernährung und Haltung von Haustieren, Abteilung
Tierhaltung und Tierschutz, der
Veterinärmedizinischen Fakultät
der Universität Bern.

Lieberman, D. A. (1993): Learning.
Brooks/Cole Pacific Grove, California.

Mittmann, A. (2002): Untersuchung
des Verhaltens von fünf Hunderassen und einem Hundetypus im
Wesenstest nach den Richtlinien
der NiedersächsischenGefahrtier-
verordnung vom 5.7. 2000. Dissertation Tierärztliche Hochschule
Hannover.

Myles, S. (1991): Trainers and
Chokers. How Trainers Affect
Behaviour Problems in Dogs. Vete-
rinary Clinics of North America.
Small Animal Practice. 21, No. 2.

Overall, K.L. and Love, M. (2001):
Dog bites to humans – demogra-
phy, epidemiology, injury and risk.
Vet Med Today: Special Report
1923, JAVMA, Vol.218, No 12.

Panksepp J. (1998): Affective
Neuroscience. Oxford University
Press, ISBN 0195096738.

Rolls E.T. (1999): The brain and
emotion. Oxford University Press,
ISBN 0198524641.

Sacks, J., Sinclair, L., Gilchrist J.,
Golab, G. C., Lockwood, R., (2000):
Breeds involved in fatal human
attacks in the United States bet-
ween 1979 and 1998. 836 Vet Med
Today: Special Report JAVMA, Vol
217, No. 6. (deutsche Übersetzung:

Renate Jones-Baade; email:
renate.jones-baade@t-online.de)

Scott, J.P. & J.L.Fuller: Genetics
and the social behaviour of the
dog. The University of Chicago
Press, USA 1965.

Sidman Murray (1989): Coercion
ard its Fallout Authors Coopera-
tive, Inc. Publishers P.O. Box 53
Bcston, MA 02199.

Stur, I. (2000): Zur Frage der
besonderen Gefährlichkeit von
Hunden auf Grund der Zugehörig-
keit zu bestimmten Rassen. Wien.
Arbeitsunterlage.

Wappner, M. and Wilson, J.F.
(2000): Are laws prohibiting
ownership of pit-bull-type dogs
legally enforceable? Views, Com-
mentary 1552, JAVMA, Vol.216,
No 10.

Zum Weiterlesen

Abrantes, Roger: Dog Language.
Wakan Tanka Publishers,
Illinois 1997.
Del Amo, C.; Jones-Baade, R.;
Mahnke, K.: Der Hunde-
führerschein. Ulmer, Stuttgart
2001.
Donaldson, Jean: Hunde sind
anders. ... Menschen auch –
so gelingt die Verständigung
zwischen Mensch und Hund.
Kosmos, Stuttgart 2000.
Feddersen-Petersen, Dorit: Hunde
und ihre Menschen. Kosmos,
Stuttgart 2001.
Feddersen-Petersen, Dorit: Hunde-
psychologie. Wesen und Sozial-
verhalten. Kosmos, Stuttgart
2000.
Jones, Renate: Welpenschule
leichtgemacht. Kosmos,
Stuttgart 2002.

Lindsay, R.S.: Applied dog beha-
viour and training. Iowa State
University Press, USA 2000.
Pietralla, Martin: Clickertranining
für Hunde. Kosmos, Stuttgart
2000.
Pietralla, Martin und Barbara
Schöning: Clickertraining für
Welpen. Kosmos, Stuttgart
2002.
Pryor, Karen: Positiv bestärken,
sanft erziehen. Kosmos,
Stuttgart 1999.
Reid, P. I. Excelerated Learning.
James and Kenneth Publishers,
Oakland, California
Schöning, Barbara: Hundeverhal-
ten. Kosmos, Stuttgart 2001.
Winkler, Sabine: Hundeerziehung.
Kosmos, Stuttgart 2000.
Winkler, Sabine: So lernt mein
Hund. Kosmos, Stuttgart 2001.

Adressen

Verband für das Deutsche Hunde-
wesen e.V. (VDH)
Westfalendamm 174
D-44141 Dortmund

Tel.: 0231/56 50 00
Fax: 0231/59 24 40
Info@vdh.de
www.vdh.de

Österreichischer Kynologen-
verband (ÖKV)
Johann-Teufelgasse 8
A-1238 Wien
Tel.: 0043/18 88 70 92 oder
0043/18 88 70 93
Fax: 0043/18 8926 21
www.oekv.telecom.at/hund

Schweizerische Kynologische
Gesellschaft (SKG)
Länggassstr. 8
CH-3001 Bern
Tel.: 0041/3 13 01 58 19
Fax: 0041/3 13 02 02 15
Skg.scs@bluewin.ch

Berufsverband der Hunde-
erzieher/innen und Verhaltens-
berater/innen (BHV)
Aussiedlerhof Reiterhohl
D-65817 Eppstein
Tel.: 06198/50 13 71
Fax: 06198/50 13 73
www.bhv-net.de

Gesellschaft für Tierverhaltenstherapie (GTVT)
c/o Dr. U. Bonengel
Am Kellerberg 18a
D-84175 Gerzen
Tel.: 08744/17 50
dr.u.bonengel@ngi.de
www.gtvt.de

Bundestierärztekammer (BTK)
Oxfordstr. 10
D-53111 Bonn
Tel.: 0228/72 54 60
Geschaeftsstelle@btk-bonn.de

Deutscher Hundesportverband
e.V. (dhv)
Gustav-Sybrecht-Straße 42
D-44563 Lünen
Tel.: 0231/87 80 10
Fax: 0231/8 78 01 22

Stiftung für das Wohl des Hundes
c/o Dr. Zähner
Gugelmattstr. 36
CH-8967Wieden
Tel. 0041/56 631/80 81 06
zahner.certodog@swissonline.ch

Register